옛 그림 속 술의 맛과 멋

세창역사산책 002

옛 그림 속 술의 맛과 멋

초판 1쇄 인쇄 2017년 7월 12일
초판 1쇄 발행 2017년 7월 17일
–
지은이 정혜경
펴낸이 이방원
기　획 이윤석
편　집 홍순용 · 김명희 · 강윤경 · 윤원진
디자인 손경화 · 전계숙
마케팅 최성수
–
펴낸곳 세창미디어
출판신고 2013년 1월 4일 제312-2013-000002호
주소 03735 서울특별시 서대문구 경기대로 88 냉천빌딩 4층
전화 02-723-8660 | 팩스 02-720-4579
이메일 edit@sechangpub.co.kr | 홈페이지 http://www.sechangpub.co.kr
–
ISBN 978 - 89 - 5586 - 494 - 6　04910
ISBN(세트) 978 - 89 - 5586 - 492 - 2

이 도서의 국립중앙도서관 출판시도서목록(CIP)은 서지정보유통지원시스템 홈페이지(http://seoji.nl.go.kr)와
국가자료공동목록시스템(http://www.nl.go.kr/kolisnet)에서 이용하실 수 있습니다. (CIP제어번호: CIP2017016452)

세창역사산책 002

옛 그림 속 술의 맛과 멋

정혜경 지음

세창미디어
MEDIA

목차

우리 술과 함께하는
아름다운 삶을 그리며

최근 우리 술 열풍이 뜨겁다. 그동안 전통주를 외면하던 젊은 친구들이 SNS에서 우리 술 알리기 릴레이 방송을 하고, 스스로 우리 술 제조법을 배워 술을 직접 담그고, 자가 막걸리 양조장과 주점도 계속 생겨나고 있다. 이런 분위기는 몇 년 전 막걸리 열풍이 금세 가라앉아 버린 것과는 본질에서 다르다. 과거 막걸리 열풍이 관 주도로 외국인들이 좋아하는 술이란 개념에서 시작되었다면 지금은 진심으로 우리 술의 미래를 걱정하고 사랑하는 젊은 친구들이 중심에 있기 때문이다. 이들에게서 우리 술의 미래를 보고 필자는 지금 가슴이 뜨겁다.

한국인은 누구보다도 술을 사랑한 민족이다. 우리 민족의 삶에서 술을 빼놓고 이야기하기 힘들다. 술은 한국인의 삶에서 문화 그 자체로 우리와 늘 함께해 왔다. 고단했던 삶과 농사일 속에서 술은 항상 동반자였으며, 에너지의 원천이었다. 그것을 우리의 선조는 풍속화와 문학 속에 고스란히 담아 놓았다. 그리고 함께 술을 나누고 즐기는 권주문화가 있었다. 또한 우리나라의 음식점은 원래 그 태생이 술을 주로 팔던 주막에서 출발한다. 그러나 아쉽게도 정감 넘치던 우리 술문화는 그동안 잊혀졌었다.

그뿐만이 아니다. 우리나라의 경제 수준이 올라가면서 오히려 전통주는 외국 술에 점령당했다. 현재 위스키와 와인, 사케 등 외국 술 소비량이 부끄럽게도 세계 최고다. 최근 외국인들은 우리 한식에 대해 관심을 보이고 열광한다. K-pop에 이은 K-food의 열풍이고 한식에 대한 관심은 당연히 전통주에 대한 관심으로 이어지고 있다. 그러나 정작 우리는 우리 술문화에 대해서도 너무 모르고 있다.

이제 우리 술이 사랑받기 위해서는 술을 민족의 문화로서 받아들여야 한다. 각 민족의 문화를 잘 표현하는 것 중의 하나는 곧 그 민족이 즐기는 술이다. 우리 술이 인정받으려면 과거 우리의 술문화를 제대로 알아야 한다. 그럼, 아름답던 우리 술문화는 어디에 있는가? 필자는 우리 민족과 함께한 술문화는 삶의 모습을 생생하게 담아낸 풍속화에 있다고 보았다. 풍속화는 가장 명징하게 우리 술문화를 드러내주기 때문이다.

우리 술에 대한 젊은이들의 관심이 고조된 지금, 그러나 우리 술문화 전통이 잊힌 지금, 필자는 아름다웠던 우리 술문화를 많은 분과 나누고 싶어 이 책을 썼다. 술을 사랑하는 분도, 술을 마시지 않는 분도 우린 전통문화의 하나로 우리 술문화를 이해할 필요가 있다고 본다. 우리 술은 우리 삶이고 우리 문화 자체이기 때문이다.

이 책에서는 먼저, 우리 술문화를 표현하는 데에 왜 풍속화가 동원되었는지를 설명하고, 다음으로 농경민족이었던 우리에게 필수적이었던 새참 속 술 풍경을 그려 본다. 그리고 혼례와 회갑 등의 기쁜 날과 절기 등의 특별한 날에 함께한 술, 다양한 모임에 빠지지 않았던 술로 다양한 삶의 모습들을 담아 보았다. 마지막으로는 사람들이 만나 술문화를 만들어 낸 만남의 장 역할을 한 주막과 술집 모습을 찾아보았다.

삶 속에서 절제와 중용의 어울림의 매개체 역할을 하였던 우리 술문화를 풍속화를 통해 그려 내는 과정은 즐거우면서도 한편 어려웠다. 풍속화에 담긴 술문화는 마치 숨은 보물찾기와 같았다. 방대한 술문화 관련 문헌과 그림 속에서 헤매기도 했다. 그러나 부족하지만, 우리 술 이야기를 쓰는 용기를 낸 것은 무엇보다 깨지고 사라지는 아름다운 우리 술문화에 대한 아쉬움 때문이었음을 고백한다. 무엇보다 사라지는 전통문화를 되살리는 목적의 좋은 기획을 해 주고 이 책의 출간을 맡아 주신 세창미디어에도 마땅히 감사해야 할 것이다.

많이 부족한 이 책을 세상에 내보내려니 새삼 부끄럽다. 그러나 작은 소망이라도 있다면 현재 우리 사회에서 사라지고 있는 아름다운 우리 술문화를 다시 살려 내는 데에 이 작은 책자가 이바지하기를 바라는 것뿐이다.

정 혜경 씀

1장

풍속화에 담긴 우리 술문화

『묘주도』, 각저총. 5세기 중국 지린성 집안시, 국립문화재연구소.

우리가 술문화를 이야기한다는 것은 술과 음식 그 자체만을 말하는 것이 아니다. 술과 안주를 먹고 마셨던 사람들과 술 종류, 술 마시는 법 등 음주 생활에 관한 총체적인 모습을 말한다. 이 모두 것이 가장 사실적으로 묘사된 것은 과연 무엇일까? 필자는 사람들의 생생한 삶의 모습을 담아낸 그림, 즉 풍속화로 보았다.

우리가 과거 선조들의 술문화를 공부하고자 할 때 그림은 매우 유익한 자료이다. 예를 들어 고구려의 술문화를 알려 주는 문헌은 보이지 않지만, 고구려 술문화의 모습은 오히려 고구려 고분벽화를 통해 찾아볼 수 있다. 고구려 고분벽화는 오늘날 우리에게 의복, 음식, 주거의 중요한 자료를 제공한다. 고분벽화 중 중국 길림성 집안현 여산(如山)에 있는 각저총 벽화의 고구려 시대 손님접대 그림이라고 볼 수 있는 『묘주도』를 살펴보면, 두 명의 여자가 각기 방바닥에 앉아 소반을 받고 주인공 남자는 의자 위에 앉아 상을 받고 있다. 상 중에서 하나는 음식상으로, 또 다른 하나는 술상으로 추측해 볼 수 있다. 음식이 잘 보이지 않는 음식상은 네모인 데 반해 술상은 세 발 달린 둥근 상으로 주전자가 놓여 있기 때문이다.

각저총과 같은 장소에 있는 또 다른 벽화인 『접객도』를

『접객도』, 무용총. 5세기 중국 지린성 집안시, 국립문화재연구소.

보면 술병이 하나 보인다. 무용총 중 『접객도』는 널방 안벽에 그려져 있는 벽화로 무덤 주인이 승려를 접대하고 있는 장면이다. 우측에 있는 무덤 주인은 머리에 관모를 쓰고 팔짱을 낀 자세로 좌상에 앉아 있다. 왼쪽의 인물도 좌상에 앉아 있으며 음식이 차려진 탁자들을 사이에 두고 이야기를 나누고 있다. 그리고 방안에 남자 손님과 남자주인 두 명이 의자에 마주 걸터앉아 있다. 각자의 음식상이 있고 2개의 곁상인 술상과 과일 상도 놓여 있다. 바로 이 술상의 술병에 담겨 있는 술이 중국의 고문헌에 기록되어 있는 고구려 술인 '곡아주'라고 추측해 볼 수 있다.

술병이 있는 상의 왼쪽에 놓인 상에는 오늘날의 고임음식과 닮은 것이 놓였다. 아마도 강정, 산자, 밤 따위를 고임한 것으로 '곡아주'의 안주로 여겨진다. 일본의 고대 기록에는 이런 고임음식을 고구려병(高句麗餠)이라 불렀다. 현재 제사 음식이나 잔치음식을 고임의 형태로 올리고 있으며, 일본에서도 제사에서 음식을 쌓는 고임음식의 전통이 아직 남아 있다. 이렇듯 음식문화를 설명하는 데 있어서 그림이 가진 힘은 매우 크다.

이후 조선시대로 가게 되면, 술문화를 보여 주는 풍속화가 더욱 풍부해진다. 특히, 풍속화가 많이 나오는 조선 후기는 전 시기와는 다른 새로운 양상을 보여 주는 의미 있는 시기이다. 임진, 병자 양란을 극복한 중흥기에 해당하며 현실에 대한 반성과 새로운 자아의식을 바탕으로 새 사회로의 방향을 찾게 되었다. 특히, 기존의 유교사상과 사대부 중심권에서 벗어나 실학사상의 대두와 중인계층이 핵심으로 등장한다. 또한 새롭게 부상한 중인층의 사설시조, 한글소설, 판소리, 풍속화의 출현은 당대의 사회, 문화 연구의 중요한 사료가 된다. 그중에서도 풍속화는 일상생활을 있는 그대로 사실적으로 표현한 그림으로 역사 문헌자료의 한계성을 보완하여 당시의 생활상을 생생히 전하는 귀중한 자료이다.

현재까지 술문화에 관한 연구가 진행되어 오긴 하였으나, 술 자체의 연구에만 주로 초점이 맞춰져 있어 풍속화를 자료로 한 술 음식문화 연구는 매우 미진하다. 따라서 술뿐만 아니라 그 음식을 먹고 마셨던 사람들, 술 먹는 장면, 음주 방법 등 음식생활에 관한 총체적인 모습이 모두 사실적으로 묘사된 풍속화를 분석함으로써 조선시대의 우리 술의 특성과 술 음식문화(飮食文化)를 살펴보려 한다.

풍속화란 넓은 의미로 인간의 여러 가지 행사, 습관이나 인습, 그 밖에 생활 속에 나타나는 일체의 현상과 실태를 표현한 것을 뜻한다. 좁은 의미에서의 풍속화는 '속화(俗畵)'라는 개념과 상통하여 통속적인 생활상을 표현한 조선 후기 한국화를 지칭하는 개념이라고 할 수 있다. 풍속화는 18세기 후반-19세기 초 절정을 이루는데 서민층의 삶뿐만 아니라 도시의 시정 풍물이나 기방 등 사대부층의 생활상을 적나라하게 드러내기도 한다. 따라서 풍속화는 조선 후기의 시대상을 다른 어느 회화 유형보다 구체적으로 읽을 수 있는 문화 사료로 볼 수 있다.

음식생활문화가 나타난 많은 조선 후기 풍속화 중 단원(檀園) 김홍도(金弘道, 1745-1806년경)의 작품은 풍부한 한국적 정서, 서민들의 애환과 감흥, 일반대중을 중심으로 한 실생활을 가장 잘 반영한 것으로 평가된다. 이 외에도 혜원 신윤복(1758-?), 긍재 김득신(1754 -1822), 혜산 유숙(1827-1873), 구한말의 김준근에 이르기까지 조선의 유명한 화원들이 그린 풍속화 속에 술과 관련한 문화가 남아 있다. 이러한 조선시대 여러 풍속화에 드러난 술문화를 살펴본다.

2장

새참과 술 풍경

고된 농사일이 일상이었던 과거 농경사회에서 무엇보다 술의 힘이 컸다. 술은 치유와 쾌락의 원천이라 하지만 특히 고된 농사일에 더 필요했다. 우리나라 농사는 대부분 '두레' 형태로 공동으로 이루어지고 식사도 들판에서 함께하였다. 두레의 공동식사인 새참에는 술이 빠질 수 없다. 술이 곧 밥이었다. 술 중에서도 막걸리는 노동할 힘을 주는 에너지원이었다. 풍류와 멋으로 양반이 주로 즐기던 술과는 본질에서 달랐다.

농군에게 막걸리 한 사발은 허기도 면하고 기운도 돋워주며 신명도 나게 해 노동의 촉진제 역할을 했다. 두레 농사일은 술의 힘으로 한다는 말이 있을 정도로 술은 중요했다. 이처럼 공동식사의 중요한 기능은 식사 자체에만 있지 않았다. 새참이나 점심 한때를 이용하여 휴식을 취하며 술을 먹고 잠시나마 피로를 푸는 것이다. 이렇게 술을 몇 잔 마시고 얼큰해지면 힘도 솟고 기분이 상승하는 효과를 얻었다.

새로 거른 막걸리
젖빛처럼 뿌옇고

새로 거른 막걸리 젖빛처럼 뿌옇고

큰 사발에 보리밥, 높기가 한 자로세

밥 먹자 도리깨 잡고 마당에 나서니

검게 탄 두 어깨 햇빛 받아 번쩍이네

옹헤야 소리 내며 발맞춰 두드리니

삽시간에 보리 낟알 마당에 가득하네

– 정약용, 보리타작 타맥행(打麥行) 부분, 『다산시문선』

대표적인 실학자 다산 정약용의 시를 한 컷의 사진처럼
작자 미상의 『경직도』 '보리타작'이 표현하고 있다. 이처럼
농업이 생업이자 삶의 근본으로 여긴 조선시대는 농사일

『경직도』, 8폭 병풍 중 일부, 필자미상, 국립중앙박물관.

과 누에 치고 비단 짜는 일을 그린 이 같은 경직도가 중요한 역할을 하였다. '경직도(耕織圖)'의 본래 제작목적은 구중 궁궐에 앉아 있는 왕에게 교훈이 될 만한 본보기로 만든 그림으로 내면에는 유교의 정치이념을 밑바탕으로 하고 있다. 즉, 백성의 빈곤함과 고단함을 통치자가 알고 이것을 올바른 정치로 구현하기를 그림에서는 바라고 있다. 이 같은 의미를 담은 '경직도'는 차츰 민간에도 퍼져 조선시대 작품으로 수십 종이 전해져 온다.

일반적으로 경직도는 1년 열두 달 사계절의 변화에 따른 농가의 생활상을 각 폭에 색채로 묘사한 8폭, 12폭짜리 병풍으로 제작되어졌다. 여기에는 논갈이, 물대기, 모심기, 보리타작, 들밥먹기, 누에치기, 달맞이 등과 같은 우리의 전통 농경 풍속이 묘사된다. 그런데 이러한 경직도 속에는 반드시 술이 등장한다. 술병과 술잔이 등장하여 힘든 농사일의 고단함을 달래는 소품으로 쓰이고 있다.

위의 경직도에서도 농부들이 열심히 타작하는 모습을 중심으로 마당 한 중앙에 놓인 커다란 술병과 술잔이 보인다. 언제든지 필요하면 술을 마셔 가면서 일하라는 뜻이다. 술은 당시에 유행하던 보리막걸리로 짐작된다. 혹독한 보릿고개를 넘기고 농부들은 보리를 먹을 생각에 흥에 겨워 "옹혜

야"를 선창하며 보리타작을 한다. 더욱이 이미 타작한 보리로 만든 막걸리까지 있으니 그림 속 농부들 얼굴엔 웃음이 가득하다.

재미난 점은 그림 왼쪽 위에 주인으로 보이는 인물이 아이와 함께 유유자적 걸어가고 있는 모습이다. 머리에는 두건만을 두른 것이 손주가 되는 아이와 놀아 줄 생각으로 간편하게 차려입었을 것이다. 그러고는 그림 중앙 자신의 방에 들어가 마당의 타작을 보며 자신도 풍요함을 즐길 생각이다. 이미 방안에는 빨간 주칠을 한 소반에 술과 술잔, 안주까지 마련되어 있다. 여기의 술은 서울 반가에서 주로 마셨던 삼해약주(三亥藥酒)로 추측해 본다. 삼해약주는 고급 청주로 정월 첫 해일(돼지날)에 담가서 버들가지가 날릴 때쯤 먹는다 하여 유서주(柳絮酒)라고 부르기도 했다. 그리고 쌀로 세 번에 걸쳐 빚는다 하여 삼해주라 하였다. 조선 초기 이후 가장 보편화된 술 중의 하나이며 부드러운 맛이 일품이다.

타작 점심 하오리라
황계 백주 부족할까

가을은 추수로 바쁘다. 가을철의 농사일 가운데 가장 중요한 것은 벼 베기와 벼 타작이다. 벼 베기 작업을 할 때의 새참이나 점심은 모심기나 논매기 때와 별로 다를 바가 없다. 그러나 벼 타작은 대개 농가의 마당에서 이루어진다. 다만 마른 논이 있으면 논바닥에서 타작하는 경우도 있었다. 이때는 일 년 중 가장 풍요로운 수확의 계절이라 타작 마당의 새참이나 점심도 가장 푸짐하다.

단원 김홍도가 화원 시절에 그린 풍속화인 《행려풍속도병(行旅風俗圖屏)》 가운데에 '타도락취'은 시골 어느 농가의 앞마당에서 벼 타작을 하는 모습을 그린 것이다. 마당 가운데 작업장에서는 다섯 일꾼이 열심히 벼 타작을 하고 있다.

『타도락취(打稻樂趣)』, 김홍도, 견본채색, 국립중앙박물관.

그리고 작업장 뒤편에는 양반인듯한 주인 혹은 마름이 느긋이 앉아 술을 마시면서 작업을 감독하고 있다. 이처럼 그림에는 양반과 일꾼의 불공평한 관계가 잘 묘사되었다. 단출하고 활동적인 옷차림으로 땀을 흘리며 고된 작업에 여념이 없는 일꾼들의 모습과 의관을 정제하고 깨끗한 옷차림으로 한가하게 술이나 마시며 취흥에 젖어 있는 양반의 모습이 너무 대조적이다. 김홍도가 어렸을 때 그림을 배우고 또 가깝게 지냈던 강세황(姜世晃)은 제발(題跋: 그림 속 글)을 통하여 이 그림에 대해 다음과 같이 풍자하고 있다.

> 벼 타작하는 소리가 들리는데
> 항아리에는 탁주가 가득하구나
> 저기 추수를 감독하는 자는
> 실컷 마셔 흥취에 젖었구나

또한 정학유의 『농가월령가』9월령에는 벼 타작 때의 점심이 푸짐했던 모습을 다음과 같이 읊었다. 타작 마당의 점심 메뉴를 모두 열거하는데 점심으로 밥 외에 닭고기와 백주, 즉 막걸리와 새우젓 계란찌개까지 농가의 점심으로는 성찬이다. 배춧국과 무나물, 거기다 큰 가마에 안친 밥까지 함께 먹는 식사의 행복감을 노래하고 있다. 그리고 밥이 부족할 정도로 반찬이 맛있다고 극찬한다.

> 타작 점심 하오리라
> 황계(黃鷄) 백주(白酒) 부족할까
> 새우젓 계란찌개
> 상찬(上饌)으로 차려 놓고
> 배춧국 무나물에
> 고춧잎 장아찌라
> 큰 가마에 안친 밥
> 태반이 부족하다

그런데 여기서 등장하는 백주(白酒)는 바로 탁주인 막걸리이다. 막걸리는 빛깔이 흰 탓에 백주라고도 불렸다. 또한 농가의 술이라는 의미로 농주(農酒), 일하는 사람들이 마시는 술이라는 의미로 사주(事酒)라고도 불렸다. 고된 노동을 잊게 해 준 에너지의 원천인 술은 바로 농민들의 술, 막걸리였다.

호미질을 나갈 때는
술 담을 그릇 잊지 마라

농사에 동원된 술 풍경은 또 다른 풍속화를 통해서도 많이 전해진다. 그림은 조선 후기 화가인 김득신이 8폭의 병풍으로 만든 《풍속8곡병(風俗8曲屛)》 중에 『새참』이다. 모가 심어진 들판 옆으로 자리 잡은 낮은 언덕 위 나무 그늘에서 새참이 벌어지고 있다. 아마도 아침부터 시작한 모심기를 오후에 접어들자 잠시 쉬는 중일 것이다. 대부분 일꾼은 아직 참을 먹는데 그중 한 사람은 벌써 새참을 끝낸 듯 사발에 막걸리를 따르고 있다.

새참을 준비해 온 아낙네는 일꾼들을 등지고 아이에게 젖을 먹이고, 그 옆에는 새참 준비를 거든 딸이 앉아 있다. 언덕 밑 길에는 한 젊은이가 커다란 술 항아리를 무거운 듯

《풍속8곡병》 중 『새참』, 김득신, 호암미술관.

안고 언덕 위로 올라오고 있는데 술은 얼마든지 있으니 실컷 마셔도 좋다는 표정으로 보인다. 그렇다. 그림처럼 막걸리는 술이 아니라 곧 밥이었다. 새참과 술은 항상 함께하는 일상이었다.

이 외에도 농민들의 고된 노동에 술이 필수적임을 노래한 한시도 있다. 특히 농사일 가운데 논매기는 힘든 작업이다. 오늘날에는 논을 매는 기계나 제초제가 나와 쉬워졌지만, 옛날에는 모두 손으로 매야 했고 특히, 한여름의 뙤약볕 아래 따가운 벼 포기에 시달리면서 작업을 했기 때문이었다. 조선 초기의 문신 강희맹은 『금양잡록(衿陽雜錄)』에서 논에 김을 매러 나갈 때는 술 담을 그릇을 준비하고 논을 매야지만 술을 먹을 수 있다고 읊고 있다. 논을 맨 공로로만 술을 먹을 수 있다고 하니, 오히려 슬프게 느껴진다.

> 호미질을 나갈 때는 술 담을 그릇 잊지 마라
> 술이 나올 수 있는 것은 원래 논매기의 공 때문
> 한 해의 주리고 배부름이 김매기에 달렸으니
> 김매기를 어찌 감히 업수이 여기리로
> – 강희맹, 제서, 사숙재집

와준에 거른 술을
박잔*1에 가득 부어

조선시대에 지금과 같은 야외활동으로는 천렵이 대표적
이다. 조선 말의 풍속화가 유숙의 그림 『계심어비도(溪深魚
肥—시냇물은 깊고 물고기는 살찌네)』는 그런 의미에서 각별하
다. 그림 속에서 아낙네는 술안주를 할 음식과 그릇을 담은
광주리를 이고, 또 일꾼은 술동이를 지게에 지고 천렵이 한
창인 곳으로 오고 있다. 술 단지가 무거운지 뒤처진 일꾼에
게 아낙네는 뒤돌아서 일꾼의 걸음을 재촉한다. 한 총각은
돗자리와 술병을 들고 양반들이 구경하는 뒤로 머뭇거리고
있다. 아마도 고기잡이가 끝나면 강가에서 잡은 고기를 안

---

*1 조그만 박을 반으로 갈라 옻칠을 하고 금 고리를 단 잔.

『계심어비도』, 유숙, 개인소장. (출처-국립민속박물관, 한국세시풍속사전)

주로 한바탕 술판이 벌어질 것이다.

농촌에서 모심기가 끝나고 초벌 논매기가 끝나는 초여름이 되면 조금은 여유가 생긴다. 이 시기를 이용하여 농군들은 날짜를 잡아 그물, 통발 등의 어구를 준비하여 강으로 천렵을 간다. 맑은 물이 흐르는 계곡이나 시냇가에서 이렇게 천렵(川獵)놀이를 하며 농사일의 고단함을 잊고 하루를 즐겼다. 또 순수한 취미로 낚시를 하는 경우도 있었다. 그런데 이러한 놀이에 술이 빠질 수 없다. 고기를 잡게 되면 현장에서 잡은 고기로 회를 치거나 탕을 끓여 이를 안주로 하여 술을 마시며 한나절을 즐긴다.

인인(隣人) 친척들과 백주(白酒) 황계(黃鷄)로 냇노리 가자스라
석조(夕釣)를 말야 하고 되롱이 몸에 걸고
사립(簑笠)을 젓게 쓰고 그믈을 두러메고 시내로 가자스라
황독(黃犢)을 칩터 타고 석양을 띄여가니
기구(崎嶇) 산로(山路)의 풍경이 다정하다.
일대(一帶) 청강(淸江)은 장천(長天)과 일색인듸
세백사(細白絲)져 그믈을 여흘여흘 던져 두니
은린옥척(銀鱗玉尺)이 고고이 맷 거늘
자나 굴그나 다 주어 따 내여

잔 고기 솟그치고 굴근 고기 회를 쳐서

외준(瓦樽)에 거른 술을 박잔(朴盞)에 가득 부어

잡거니 권하거니 취토록 먹은 후에

일락함지(日落咸池)하고 월출동곡(月出東谷)커늘

업떠들며 곱떠들며 시문(柴門)을 차자오니

치자(稚子)는 부취(扶醉)하고 수처는 환영이라

아마도 강산주인은 나뿐인가 하노라.

— 작자미상, 『환산별곡(還山別曲)』 후반

　위에 시 『환산별곡』은 『낙빈가(樂貧歌)』라고도 한다. 『낙
빈가』의 의미는 가난을 낙으로 삼아 살아가는 유유자적을
노래한 것이다. 즉, 이웃과 더불어 술과 안주를 준비하여 천
렵하러 가는 즐거움을 담고 있다. 그물로 잡은 고기를 안주
로 하여 술잔을 주고받으며 종일 즐기다가 저녁이 되어서
야 취한 몸으로 집으로 돌아오는 것이다. 여기에는 와준(瓦
樽: 질그릇)에 거른 서민의 술인 막걸리가 등장하여 흥을 돋
우고 황계(黃鷄) 즉, 누렇게 살찐 닭고기를 안주 삼아 천렵
을 즐기며 사는 것이 서민들에게는 최고의 낙이었다. 그러
니까 조선시대 서민들의 최고의 술은 막걸리이고 최고의
안주는 누렇게 살찐 닭이었다.

강가에 둘러앉아
술을 마시다

『강상회음(江上會飮)』은 조선 후기에 김홍도의 풍속화를 이은 화가로 알려진 긍재 김득신의 작품이다. 그림은 강가에 배를 대어 놓은 채 버드나무 그늘에서 한 무리의 사내들이 둘러앉아 음식과 술을 먹고 있는 여유로운 장면을 그렸다. 화면 중앙에 보이는 것처럼 강가에서 낚시질로 잡은 물고기를 술안주로 하고 있다. 버드나무 가지는 훈풍에 나부끼는데 끝없이 뻗어 있는 긴 강의 푸른 물을 바라보며 컬컬한 막걸리를 들이키는 것은 그들만이 느끼는 풍요로움이다. 뱃전에 꽂아 놓은 낚싯대 위로 찌꺼기를 노리고 모여든 왜가리 혹은 가마우지로 생각되는 새들의 분주한 모습도 보인다.

『강상회음』, 김득신, 간송미술관.

아마도 고된 농사일이나 수렵을 끝내고 먹는 새참일 것이다. 더운 여름이라 강변에서 밥과 술로 마침 부는 산들바람과 같이 유유함을 즐기고 있다. 뒤편에 앉은 사내는 아예 술병을 끼고 마시고 오른편 나이 지긋한 노인은 이를 보며 흐뭇해 한다. 이 커다란 술병 속의 술은 조선시대 가장 친근한 서민의 술이었던 막걸리일 것이다.

막걸리는 소박한 서민의 술을 상징한다. 그래서 막 걸러서 막걸리라고 부르는 술이지만 조선시대에는 가장 인기 있고 이름이 많은 서민의 술이었다. 막걸리는 촌료(村醪), 박료, 촌주(村酒), 박주(薄酒), 촌양(村釀)으로까지 불렸다. 한가로운 서민들의 강가 식사에도 역시 서민의 술 막걸리가 등장한다. 서민들이 하나의 술병에서 각자의 술잔으로 여럿이 나누는 모습에서 고유의 공동체의 모습을 볼 수 있고 친교와 인간관계를 형성하는 모습도 보인다. 막걸리는 곧 '정(情)'이기도 했다. 또한 나뭇등걸 뒤의 더벅머리 총각은 어른과 같이 어울리는 또래의 아이와 눈이 맞아 군침을 삼키는 모습도 재밌다. 예나 지금이나 술과 함께하는 강변에서의 회식, 참 행복해 보이는 광경이다.

덜 괸 술 막 걸러
주준에 다마 두고

조선 후기의 화원인 김홍도는 서민들의 삶의 풍경을 놓치지 않고 많이 남겼다. 역시 그가 그린 그림 중에도 『계심어비도』라는 그림이 있다. 강가에서 천렵하면서 직접 잡은 물고기를 안주 삼아 술판을 벌이기 위하여 준비하고 있는 장면을 그린 것이다. 여기에는 양반과 어부, 그리고 심부름을 하는 하인 등 모두 10여 명 이상이 북적거린다.

> 개울에 성근 그물을 치니
> 개울물은 넓고 출렁인다
> 물고기를 뭍으로 내모는데
> 어부가 보면 웃으리라
>
>   −『천렵도』작품의 제발(題跋; 그림 속 글)

『계심어비도』, 김홍도, 간송미술관.

아마도 정식 어부는 아닌 집에서 부리는 하인을 시켜 고기를 잡는 것이리라. 그래선지 술은 넉넉한데 고기가 얼마나 잡힐까 궁금해 넌지시 그물을 바라보는 선비의 모습도 보인다. 그림 좌측으론 솥단지를 걸어 놓고 불을 지피는 시동과 안주를 기다리며 환담을 하는 양반네들, 오랜만에 나온 풍류에 먼 산을 바라보는 양반도 보인다. 더욱이 기다리다 지쳤는지 벌써 술병을 끼고 있는 모습도 있다.

아해 야 그물 내어 어선(漁船)에 시러 노코
덜 괸 술 막 걸러 주준(酒樽; 술통)에 다마 두고
어즈버 배 아직 노치 마라 기다려 가리라
─작자 미상

야간에 배를 띄우는 천렵을 위해서 술을 준비하는 정경을 담은 시조이다. 이 작자 미상의 시조에는 준비하는 술로서 발효가 덜 된 막 거른 막걸리가 등장한다. 아마도 달이 밝게 뜨는 날, 운치를 즐기고자 그물도 싣고 거기에다 서둘러 발효가 덜 된 술일지라도 가득 담아 나가고자 함일 것이다. 이렇게 달밤에 그물을 던져두고 배 위에서 술잔을 기울이는 풍류는 상상만으로도 즐겁다.

술은 이렇게 풍류에도 빠지지 않았고, 또한 각종 의식에도 빠지지 않는다. 술은 관례, 혼례, 상례, 제례 등과 같은 통과의례 의식에서 가장 중요하다. 특히 종교의례와 술의 연결은 오랜 역사를 가지고 있다. 상고시대부터 동명, 영고, 무천과 같은 제사 때에는 구성원들이 함께 어울려 음주와 가무를 했다는 기록이 남아 있고 우리 민족은 누가 뭐래도 음주·가무의 민족이다.

3장

특별한 날의 술

특별한 날, 특히 의례에서 술은 신과 사람을 연결하고 신 앞에서 사람과 사람을 연계시키는 역할을 한다. 술은 단순한 음료가 아니라 신과 인간을 이어 주는 신성한 음료이며 제물이었다. 조상의 영혼을 제사 지낼 때도 신에게 바치기 위한 중요한 공물(供物)로서 술을 만들었다. 술은 조상의 명복을 천지신명께 기원하는 상징물의 역할을 했다. 관례(冠禮)에서는 어린이가 성인이 되었다는 표시로 술을 맛보게 했고, 혼례에서도 신랑과 신부가 술잔을 들어 합근례(合巹禮)를 했으며, 상례(喪禮)에 있어서도 필수적으로 등장한다.

이처럼 관혼상제나 기타의 의례에는 반드시 술이 나오고 그러한 의식이 계속되는 중요한 부분으로서 술을 모두 같이 마신다는 풍습이 있었다. 또한 의식의 끝에 참여했던 사람들이 함께 술을 마신다는 의미는 이질적인 것을 하나로 뭉쳐 주는 힘과 역할을 기대했기 때문이다. 오늘날에도 제향(祭享), 일반 연회, 접객 등에는 반드시 술이 따르고, 일상에서도 술은 인간관계에 있어서 교량적 구실을 한다.

왕실 혼례의
합환주

　조선 24대 왕 헌종과 효정왕후의 가례를 기록한 『헌종효현왕후가례도감의궤(憲宗孝顯王后嘉禮都監儀軌)』중의 〈동뢰연도(同牢宴圖)〉는 왕실의 술문화를 보여 주는 사례이다. 여기에는 왕과 대궐로 들어온 왕비가 서로 절한 뒤 술과 음식을 나누는 동뢰연의 기물 배치도가 그려져 있다. 가례도감의궤에 나오는 〈동뢰연도〉를 도식화하여 그려 보았다.

　왕실의 혼례절차는 민가와도 비슷한데 간택, 납채(혼인을 청하는 예), 납징(예물전달), 친영(왕비를 궁궐로 들이는 예), 동뢰연(신랑과 신부의 교배의 의식) 그리고 조현례(부왕과 대비를 뵙는 예)로 구성된다. 그중 동뢰연은 신랑 신부의 교배상차림에 해당하는 중요한 의례다. '동(同)'은 한가지 동, '뢰(牢)'는 짐

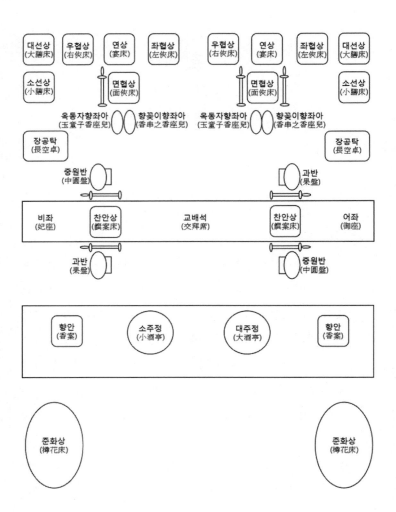

『현종효현왕후가례도감의례』 중 〈동뢰연도〉.

승 우리의 뜻으로 '영혼과 몸이 합체하는 의례'라는 뜻이다. 서로 마주한 왕과 왕비가 술 3잔과 안주로 돼지고기를 먹은 후 동쪽 방으로 들어가는 것으로 예식을 마친다.

왕실의 〈동뢰연도〉의 그림을 자세히 들여다보면 먼저 동뢰연 대상 2조가 보인다. 장공탁 남쪽에는 신랑과 신부가 동쪽과 서쪽에서 서로 마주 보고 동뢰연을 치르는 교배석이 마련되었다. 동쪽의 1조는 신랑인 왕을 위한 것이고 서쪽의 1조는 신부인 왕비를 위한 것이다. 그리고 혼례의 중요한 음식인 잔치 떡과 한과류, 나물류, 어육류, 전류, 적류, 과일류와 같은 수십 종의 음식들은 각각의 연상에 차려졌다. 그리고 장공탁 사이에는 혼례의 상징이라고 할 수 있는 옥동자 1쌍을 놓기 위한 향좌아 1쌍이 벌여 있어 흥미롭다.

이 예식에서 중요한 것은 바로 술을 함께 마시는 행위이며 이 술은 우리가 익히 알고 있는 합환주이다. 이를 위해서 교배석 남쪽에는 술병과 술잔을 올려놓기 위한 신랑용 대주정(大酒亭)과 신부용 소주정(小酒亭)을 북쪽을 향하여 놓았다.

합환주는 합근주라고도 하며 대개 조선시대 반가의 술이며 약주라고도 불린 청주(淸酒)를 합환주로 썼다. 경주 법주는 바로 대표적인 청주류이다. 동뢰연에서는 신랑과 신부가 합체하기 위해서 작은 박 하나를 쪼개어 둘로 만든 근배에 신랑용의 대주정과 신부용의 소주정에 올려져 있던 술항아리의 술을 따라 마시게 한다. 양기를 키워 신랑과 신부의 혼을 일체시키기 위함이다. 이때 안주로 초미, 이미, 삼미에 차려진 음식을 먹는다.[2] 안주는 음기를 키워 신랑과 신부의 몸을 합체시키는 매개체로 작용한다.

동뢰연이 끝나면 신부 쪽은 신랑이 남긴 음식을 싸 가고 신랑 쪽은 신부가 남긴 음식을 싸서 일정한 장소에 가서 마시고 먹는다. 이렇게 맞바꾸어 먹는 의미는 신랑과 신부가 첫 번째 잔을 먼저 제주(祭酒)하고 음복하여 신과의 공음과 공식이 이루어져 신에게 맹세하여 합체하였듯이, 신랑 신부 그리고 그 가족들이 공음과 공식을 통하여 하나가 되는 과정을 행하는 것이다.

---

[2] 초미: 전복자기, 생치적, 산삼병, 수정과, 추복탕, 약과, 꿀.
  이미: 생치자기, 전유어, 송고병, 수정과, 밤, 행인과, 세면, 꿀.
  삼미; 어만두, 생치전체수, 자박병, 장육자기, 전은정과, 수정과, 대추, 꿀.

민간 혼례에서도
술은 역시 합근주

조선 말기의 민가의 혼례는 어떻게 이루어졌을까? 이를 잘 보여 주는 것이 조선 말기의 풍속화가 김준근의 『신랑신부 초례하는 모양』이다. 이 풍속화가 그려진 1800년대 말에도 '반친영혼(半親迎婚)'이 이루어지고 있었음을 보여 준다. '반친영혼'이란 신랑이 신부집에서 동뢰연을 치른 다음 날, 신랑 집으로 와 시부모에게 정식으로 인사를 치르는 '현구고례(見舅姑禮)'를 행하는 것이다. 반친영혼 때 동뢰연을 위하여 차리는 상을 민가에서는 초례상(醮禮床)이라 했다.

상 위에 올려 있는 붉은 천에 싸인 기러기는 신랑이 신부 집에서 올 때 갖고 온 것으로 머리가 왼쪽으로 가도록 안고 대청 아래에 이르러 북쪽으로 향하여 무릎을 꿇고 신부에

『신랑신부 초례하는 모양』, 김준근, 덴마크 국립박물관.

게 준 기러기이다. 상의 좌우에는 소박한 음식이 차려 있다. 술잔 받침 위에 올린 술잔이 신랑과 신부를 위해 각각 하나씩 있다. 신랑과 신부의 각 술잔을 중심으로 2개의 그릇이 보인다. 하나에는 과일이, 나머지 하나에는 나물이 담겨 있을 것이다.

이처럼 초례상에서도 술은 중요한 역할을 하였다. 제1잔은 신에게 올리는 술, 제2잔은 입가심을 위한 술, 제3잔은 영혼을 합하기 위하여 합근을 사용하여 마시는 술이 되며 술안주는 나물과 과일이다. 합근주로는 주로 청주가 이용되었다. 신랑과 신부는 초례 때의 합근주를 통하여 부부 합체(合體)하여 상친(相親)이 이루어졌다. 초례가 끝난 후 방 밖으로 내보낸 신랑이 먹다 남긴 술과 안주, 신부가 먹다 남긴 술과 안주를 신랑의 것은 신부의 종자가 신부의 것은 신랑의 종자가 먹음으로써 종자끼리의 상친도 이루어졌다.

일생을 통하는 통과의례에서 음식은 매우 중요한 역할을 한다. 그중에서도 특히 술은 빠질 수 없었다. 혼례에서도 마찬가지이다. 신랑과 신부는 합근주를 나누어 마심으로써 비로소 하나가 되는 의식을 치른 것이다. 복잡한 혼례과정에서도 특히 합근주를 마시는 과정은 혼례의식의 최절정을 이룬다.

회갑연에서 자손들이
헌수주를 올리다

회갑(回甲)이란 즉, 갑이 다시 돌아온다는 의미이다. 인간이 태어난 해의 간지(干支)가 60년 만에 돌아오므로 태어난 지 만 60년이 되는 해를 의미한다. 그리고 60 간지 편성을 한번 돌았다는 것은 하나의 인생을 다 살았음을 의미하고 새로운 다음 인생으로 탄생하는 것이기 때문에 이를 축하하는 풍습을 환갑(회갑)이라 칭하였다. 그래서 생일잔치 중 가장 경사스러운 잔치가 회갑연이다.

그림은 조선시대 사람의 일생을 그린 『평생도(平生圖)』 중 회갑례를 그린 그림이다. 그림에는 산수병풍을 배경으로 주인공인 노부부가 앉아 있다. 주인공 부부는 평상복을 입었고, 헌수하는 아들 내외를 비롯하여 계단 위의 남녀 자손

『평생도』 중 일부, 작자미상, 국립중앙박물관.

들은 색색의 옷으로 성장하였다. 주인공 부부 앞의 소반에 있는 붉은 음식은 다산과 장수를 상징하는 대추로 보인다. 마당에는 구경하는 인물들이 좌측에는 남자, 우측에는 여자로 나뉘어 서 있다.

그림에는 직접적으로 보이지 않지만 회갑례에서 자손들이 부모님께 올리는 헌수주(獻壽酒)는 매우 중요하였다. 잔치가 벌어지기 전부터 가장 먼저 잔치에 쓸 술을 담아 준비하였다. 조선시대에는 집집이 자신들의 비법으로 담근 가양주를 가지고 있었다. 이는 대개 청주 형태의 술로 볼 수 있으며 여기에 약재를 넣거나 꽃잎 등을 넣어 '가향약주'류를 담았다. 그런데 아무래도 많은 사람이 먹어야 하는 잔치인 만큼 귀한 헌수주 외에도 막걸리도 넉넉하게 미리 담아서 준비하였다. 그림에서도 마당 가운데에는 벌써 술병을 들고 취한 것 같은 인물이 보이는데 이처럼 축하객 중 동네주민들에게는 넉넉히 담근 막걸리가 제공되었을 것이다.

또한 화면의 앞쪽에 그려진 사랑채에는 이미 모여서 술을 마시는 선비들이 보인다. 그리고 사랑채로 술상으로 보이는 소반을 들고 가는 여인과 오른손으로 병목을 쥐고 왼손으로 조심스레 술병을 받치고 가는 여인도 보인다. 아마도 이들에게는 집에서 담근 귀한 가양주가 제공되었을 것이다.

회혼례,
술독에 가양주가 넘실댄다

회혼례(回婚禮)는 혼인 예순 돌을 축하하는 기념 잔치이다. 결혼한 지 만 60년, 결혼한 날짜에 행한다. 결혼한 이후 부부가 60년을 해로하였다는 것은 조선시대 경사 중의 경사였다. 회혼은 혼례 형태로 치르며 앞서 이야기한 첫 혼인의 동뢰연처럼 이후에 신랑과 신부, 양가의 유대를 강화해주고 혼인을 공표하는 뜻으로 향응이 베풀어진다.

이때 신랑과 신부가 받는 상을 큰상(大床)이라고 불렀다. 큰상은 송기떡, 인절미, 절편 등의 떡과 건시, 귤, 사과, 배, 대추, 밤 등의 과일류와 어포와 육포류, 그리고 산자, 약과, 다식, 빙사과, 강정 등의 과정류와 이 외에도 지짐, 행적, 족적, 두부적, 전유어, 수란, 달걀, 어적, 산적, 각색당 등으로

『회혼례도』, 작자 미상. 국립중앙박물관.

구성되어 차려졌다. 큰상 외에 별도로 신랑과 신부가 먹을 수 있게끔 배려한 임매상(小床)이 있었고, 그 밖에 친인척을 대접하는 주연상도 차렸다.

그런데 조선시대 회혼례 화첩 중의 한 그림이 매우 흥미롭다. 특히, 위의 그림『회혼례 화첩』에서는 두 부부가 각자 외상인 개별 상을 받고 있다. 그러니까 동뢰연이 끝난 후의 '임매상'*3 차림이라고 볼 수 있다. 회혼례에 참석한 손님들도 각자 붉은색 주칠의 외상을 받고 있다. 격식을 갖춘 풍성한 연회 모습이다. 이 연회 상에서 중요한 것은 이들의 취흥을 북돋워 줄 술이다. 역시 그림 왼쪽 윗부분을 자세히 살펴보면 큰 술동이가 보이고, 이를 한 노파가 구기로 따라 내고 있는 모습이 보인다. 자세히 들여다보면 술동이가 예사롭지 않게 생겼다. 아마도 청화백자일 것이다.

이렇게 술동이 하나 가득 술을 준비하고 필요하면 계속 술을 제공할 수 있는 형태로 잔칫상을 준비하였다. 이 술 또한 이 집안에서 의례 때마다 빚어서 사용하는 가양주일 것이다. 우리의 가양주문화는 유교사상에 따라 조선시대로 접어들면서 비로소 완성되었다고 본다. 물론 가양주문화는 고

---

*3 입매상이라고도 하며 바로 먹을 수 있는 면(국수) 위주의 상차림.

려시대 훨씬 이전부터 조상 대대로 수천 년 동안 이어져 온 전래의 술빚기 방법과 풍습을 바탕으로 이루어졌다. 이처럼 전래하는 방법으로 집에서 빚었기 때문에 가양주라고 한다. 또한 가양주는 곡물과 천연발효제인 누룩과 물이 주원료고 여기에다 집집마다 비법의 가향재나 약용약재를 첨가하여 발효, 숙성시킨 술을 총칭하는 말이다

우리 민족은 일생의 중대사였던 혼례를 비롯한 상례 등의 대사(大事)와 손님 접대에 정성을 다하고 예를 갖춰 잘 대접하는 것을 예절로 알았다. 따라서 손님접대에 술을 권하는 인정과 예절이 일반화되어서 상비 음식의 하나로 가양주(家釀酒)를 갖췄다. 회혼례가 열리기 몇 달 전부터 시작하는 잔치준비는 이날 쓸 의례주인 집안의 가양주를 빚는 일부터 하였을 것이다.

장수를 축하하며
올리는 상수주

　효가 중요한 덕목이었던 조선시대, 노모의 장수를 축하하는 연회가 1605년(선조 38년) 4월 9일, 삼청동 관아에서 열렸다. 70세 이상의 노모를 모신 재신들이 주최한 연회였다. 이 잔치에는 102세를 맞이한 채부인을 비롯해 총 20명의 노모가 참석해 수연상과 상수주를 받았다.

　『선조실록』에는 이 연회에 대한 기록이 나온다. "여러 친지가 한 집에 함께 모이되 채부인(蔡夫人)을 받들어서 최상에 모시고 헌수(獻壽: 장수를 기원하며 술을 올림) 하며 노인들의 만년의 회포를 위안해 드리고, 한편으로는 자손들이 애일(愛日: 섬길 수 있는 날이 적음을 안타까워함) 하는 심정을 펴기 위하여 여러 아들 손자들이 힘을 합해 술과 안주를 약간 준비

《의령남씨전가경완도》 중 『선묘조제경수연도』, 작가 미상, 고려대학교 박물관.

하였다"고 하였다. 그림으로 보기에는 풍성하고 격식을 차린 행사임에도 술과 안주를 약간 준비하였다는 겸손한 기록이 재미있게 읽힌다.

연회는 왕의 허락을 받고 개최된 선묘조(宣廟朝)의 수연(壽宴) 경사였다. 이를 후대에 그림으로 남긴 것이 《의령남씨전가경완도(宜寧南氏傳家敬琓圖)》 중의 『선묘조제경수연도』이다. 그러나 이 원화는 병자호란 중에 소실되고 1655년에 다시 그린 그림이 의령남씨 가전화첩에 수록되어 현재 전해 내려오고 있다. 이 그림은 5권의 화첩 중 마지막 장면으로 모사된 것이다. 간략하면 당시로서도 장수한 102세 채부인과 70세 이상의 노모들을 모시고 음식과 술을 대접한 효심 가득한 경로잔치이다.

그림을 보면 채부인이 가장 상석인 동쪽 오른편에 부축하는 여인과 함께 앉아 술을 받고, 나머지 부인들이 대체로 나이 순서로 앉은 것으로 보인다. 또한 부인들이 둘러앉아 상을 받고, 자식이 헌수를 하며 절을 하려는 모습도 보인다. 그 앞쪽 아래에는 악사들이 연주하고, 춤을 추고 있는 사람과 음식을 나르는 여인들도 보인다. 자세히 살펴보면 주인공들의 각각 앞에는 원반이 놓여 있다. 원반 중앙에는 높게 고여 담은 약과(藥果)가 차려져 있고, 약과에는 상화(床花)가

꽂혀 있다. 그 밖의 찬품은 편육과 과일, 개자, 초장이 차려져 있었을 것이다.

이렇게 차려진 음식 못지않게 중요한 것이 바로 술이었다. 그림의 동북쪽으로 흰색으로 된 2개의 술 단지가 탁자 위에 놓여 있다. 이 술은 연회 주인공들에게 올리는 장수를 축원하는 상수주(上壽酒)이다. 이처럼 풍속화를 통해서 조선 시대에 100세 이상을 산 여성이 있다는 것이 놀랍고, 그런 노모를 위한 격식 있는 음식과 술과 가무가 어우러진 효도 잔치를 차린 자손들의 효심이 지극하게 읽힌다.

죽은 이를 위로하는 술,
상례성복제의 법주

우리는 기쁜 날인 혼례나 회갑, 회혼례 이외에도 슬플 때도 술을 빠뜨리지 않고 올렸다. 지금도 각 가정에서 행하는 의례인 제사에도 술은 반드시 등장한다. 조상을 찾아가 성묘를 할 때도 묘에 고인께서 평소 좋아하시던 술 한 잔을 뿌리는 예를 갖춘다. 이처럼 제례 이외 상례에서도 의례를 행하고 술을 올렸다. 그림은 19세기 말 개화기의 상례성복제 모습이다.

여기서 성복(成服)이란 상복을 입는 것을 말하고, 성복제(成服祭)는 상복을 입고 죽은 조상에게 처음 고하는 제사를 말한다. 사람이 죽으면 소렴(小殮)과 대렴(大殮)의 절차를 거쳐 입관하게 된다. 입관하면 비로소 머리를 풀고 소복(素服)

『상례성복제』, 김준근, 프랑스 기메 국립 아시아 박물관.

을 벗고 상복으로 바꾸어 입는다. 상복은 8촌 이내의 혈연 자들이 죽은 사람과의 촌수에 따라 입는 기간이 다르다.

입관하고 관을 안치하면 앞쪽에 병풍을 친 다음 교의(交椅), 제상, 향로, 향합을 설치한다. 교의에는 혼백(魂帛; 조상의 혼이 깃든 곳)을 모시고 제상에는 제물을 차린 다음 성복제를 지낸다. 성복은 대부분 조전(朝奠)을 올릴 때 곡(哭)과 절을 겸하여 행한다. 그래서 이를 성복제(成服祭)라고도 한다. 전을 마련할 때는 탁자를 동쪽 계단의 동남쪽에 마련하고, 전을 올릴 찬(饌)은 길사(吉事) 때 사용하던 그릇을 사용하여 담는다. 또 술잔, 술 주전자(술병)도 탁자 위에 진설(陳設; 음식을 법식에 따라 상 위에 차려 놓음)한다. 손 씻는 대야와 손 닦는 수건을 찬의 동쪽에 놓고 별도로 탁자를 마련하여 그릇 씻는 대야와 그릇 닦는 수건을 그 동쪽에 놓는다.

전에 올릴 음식은 망자가 평소에 즐겨 먹다 남긴 포(脯), 해(醢), 술 등으로 하였다. 그러나 만약 해가 없으면 각색 나물과 과일을 차려도 되고 술과 포 등이 남아 있지 않으면 새로 마련해도 된다. 상제 앞에는 향안이 있고, 향안 위에는 향로, 향합, 술잔과 술병이 차려져 있다. 향안 앞에는 고족마제거식상(高足馬蹄車食床)이라는 이름의 높은 상이 있으며 음식이 2행으로 차려져 있다. 제1행에 차려진 찬품은 약과

(藥果)인 듯한 유밀과(油蜜果)와 대추, 밤 등의 과일이고 이들 모두는 고임으로 음식을 담았다. 제2행에 차려진 찬품은 두부적, 나물전, 젓갈 등이다.

『상례성복제』 그림 속 장면은 새벽에 성복이 끝난 후 조전을 올리는 모습이다. 이때 올리는 술은 대개 청주류인 법주(法酒)를 올렸다. 이렇게 옛 조상들은 마지막 가시는 길을 술과 음식으로 대접하여 보내 드렸다.

'조일통상장정'에서
일본 샴페인을 터뜨리다

그림은 고종 20년인 계미년 1883년에 체결된 '조일통상
장정'을 기념하여 열린 연회 모습을 그린 것이다. 1876년에
는 일본과 불평등조약인 병자수호조약을 체결하고, 1882년
에는 급기야 이러한 정세에 불만을 품고 있던 구식 군인들
에 의해 임오군란이 발생한다. 그다음 해인 1883년에『한일
통상조약체결기념연회도(韓日通商條約締結紀念宴會圖)』가 나
온다.

참석자는 조선측 전권대사인 민영목, 일본측 전권공사인
다케조이 신이치로, 독일인 묄렌도르프, 그리고 일본인과
조선인 관원들이고 조선 여성 한 명이 뒷모습으로 보인다.
당시로서는 파격적인 국제적인 연회이지만 내용은 일본의

『한일통상조약체결기념연회도』, 안중식, 숭실대학교 한국기독교박물관.

강압적인 요구를 받아들이는 굴욕적인 조약을 기념하는 연회의 모습이다.

이 당시 일본인들은 메이지유신 이후 서양문화가 급격히 유입되어 자국문화보다 서양문화를 더 따른다. 이의 영향으로 식생활에서도 스테이크, 스프, 빵, 치즈, 커피 등이 유행하고 포크와 나이프를 사용하는 서양식 상차림이 상류층에 널리 보급되었다. 이 그림은 바로 당시 사회적 분위기를 반영한 서양식 연회 장면으로 보인다.

서양식 연회 모습이지만 식탁 위에 차려진 음식을 보면 한국적인 음식문화도 반영되어 있다. 우선 우리 상차림에서 빠지지 않았던 꽃을 꽂은 화준(꽃병) 두 개가 화려하게 놓이고 전통 잔칫상의 핵심 음식인 고배(고임)음식이 다섯 접시 가득히 고여서 차려져 있다. 고임음식 내용은 정확하지 않지만 아마도 단자나 경단 종류의 병과류와 대추 혹은 곶감의 과실류 그리고 가운데는 만두류로 추정된다. 그리고 각자 앞에는 음식을 먹기 위한 개인 식기류들이 놓여 있다. 이날의 주요리는 생선요리로 보인다.

이 굴욕적인 연회의 장면에도 술이 빠질 리 없다. 주전자처럼 생긴 흰 도자기가 놓여 있는데 이는 물병같이 보인다. 그러나 연회에는 물병을 올리는 경우는 많지 않았다. 그래서 귀한 소주 같은 증류주를 담은 술병으로도 추정된다. 무엇보다 주요리 앞쪽으로 놓여 있는 술잔이 여러 개인 점이 시선을 끈다. 포도주잔도 보이고 소주잔도 보인다. 이렇게 술잔의 개수가 여러 개인 것으로 보아 이날 제공된 술도 적어도 3종류 이상이었을 것이다. 당시에 이미 수입되어 있던 포도주나 샴페인 그리고 귀한 소주나 청주 종류로 추정해 볼 수 있다. 더욱이 그림의 제목으로 보면 그림 속 술은 아마도 일본 샴페인이 아니었을까? 이런 굴욕적인 연회에서 술은 더욱더 필요했을 것이고 이날 참석한 이들은 아마도 많이 취해서 돌아가지 않았을까 추측해 본다.

새해 아침 울분을 달래며
마신 술, 도소주

우리 민족은 술을 상황에 따라 달리 마셨다. 서양에서는 '마리아주'라고 하여 음식에 맞는 술을 중요시하지만 술에 관한 한 우리도 이에 못지않았다. 특히 절기 따라 맞는 술을 마셨다. 꽃 피는 봄에는 진달래꽃을 넣은 두견주, 여름에 과하주, 가을엔 국화주, 겨울에는 증류쥬인 소주를 즐겨 마셨다.

특히, 새해에는 반드시 찬 도소주(屠蘇酒)라는 술을 마셨다. 이는 산초(山椒), 방풍(防風), 백출(白朮) 등의 약재를 넣어서 빚는 술로서 '잡을 도(屠)'와 '사악한 기운 소(蘇)'를 써서 사악한 것을 쫓아낸다는 의미이다. 새해의 삿된 기운을 쫓아내고 새롭게 시작한다는 뜻으로 새해가 오기 전에 집집

『탑원도소회지도』, 안중식, 간송미술관.

이 술을 담가서 나이가 어린 사람부터 돌려 가면서 마신 세시주이다.

이러한 새해 도소주를 마시는 사람들의 모임을 그린 풍속화가 한 점 남아 있다. 조선 후기의 대표 화가인 장승업의 제자였던 심전 안중식이 그린 것으로 추정하는 그림이다. 안중식은 조선의 마지막 화원으로 스승과 마찬가지로 길상화를 주로 그려 진경산수의 대가로 꼽힌다. 안중식은 1912년 정월 초하루 밤에 오세창(吳世昌, 1864-1953)의 탑원(塔園)에 모여 도소주를 마시며 삿된 기운을 물리치고 장수(長壽)를 기원하던 문인들의 모임 장면을 그려서 오세창에게 주었다고 전해진다.

여기에 등장하는 탑원(塔園)은 종로3가역 부근의 돈의동에 살았던 오세창이 집에서 보면 탑골공원에 높이 솟은 원각사탑이 아름답게 보였기 때문에 스스로 자신의 집에 붙인 이름이다. 이들이 이렇게 정월 초하루에 모였던 것은 1910년의 국권침탈로 이루어진 나라 잃은 설움을 달래기 위했던 것으로 알려졌다.

그래서인지 그림에서는 물안개에 젖은 듯 아련한 분위기가 느껴진다. 그리고 가운데 자리잡은 탁자 위에는 도소주를 담은 흰 도자기 술병이 보이고 여러 개의 잔이 놓여 있다. 물론 한잔 술로 나라 잃은 설움이 달래질 리는 만무하였지만 그래도 술은 큰 역할을 했는지 탑원에서 열린 도소주를 마신 모임이라고 화제를 붙였다. 이 도소주는 다른 술과 달리 몸에 좋은 약재를 넣어 만들므로 힘들고 지친 몸과 영혼을 달래는 데에도 도움이 되었을 것이다.

4장

모임에 빠지지 않는 술

우리를 음주와 가무의 민족이라고 하는데 이는 술을 혼자 마시기보다는 함께 어울려 마시고 춤추고 노래하고 즐긴다는 데서 나온 말이다. 서양에서는 술은 대개 혼자 마시는 경우가 많아서 알코올 중독자가 되는 경우가 많고 사회 문제가 되기도 한다. 그래서일까? 술 소비량은 우리가 많지만 알코올 중독자가 서양보다 적은 이유는 항상 모임에서 함께 어우러져 마시는 술문화 때문일 것이다. 현재 우리 사회에서 '혼술'이 늘어나는 것은 피할 수 없는 현상이겠지만, 함께 마시는 술문화도 계속 이어졌으면 한다.

이처럼 함께 어우러져 사는 삶을 중시했기 때문에 현재도 계모임도 발달하고 그 외의 모임도 많은데 이는 과거 전통 사회에서도 그랬다. 그래선지 계회를 비롯해 각종 모임이나 연회 모습 등을 그린 풍속화가 많이 전해진다. 이러한 모임의 모습을 그린 풍속화의 모습을 자세히 들여다보면, 술병과 술잔의 모습을 쉽게 찾을 수 있는 것도 흥미롭다. 그럼, 각종 모임에 함께 한 술자리 풍경을 찾아 떠나 보자.

눈 내리는 밤에는
설야멱과 소주

    지금은 야외에서 불판에 삼겹살을 구워 먹으면서 소주 한 병을 곁들이는 모습을 손쉽게 만날 수 있지만, 조선시대의 이런 술자리 풍경은 전해 내려오는 풍속화를 통해서 만날 수 있다. 집안에서 음식상을 차려 놓고 고기를 먹는 게 아니라, 야외에서 숯불을 가운데에 놓고 빙 둘러앉아 고기를 직접 구워 먹는 흥미로운 그림들이다.

    먼저 김홍도의 《풍속도8첩병풍》 중 『설후야연(雪後野宴)』이라는 제목을 가진 그림을 살펴보자. 이 그림의 배경은 눈이 녹지 않고 나무에까지 쌓여 있는 추운 겨울이다. 그런데도 방한모까지 쓰고 앉아서 고기를 구워 먹고 있다. 갓을 쓴 선비도 있고 머리를 올린 기생도 있는 것이 지금의 야외 음

『설후야연』, 김홍도, 프랑스 기메 국립 아시아 박물관.

식점이 아니었을까? 또한 당연히 이 그림의 한 곁에 술병과 술잔이 놓인 술상이 있다. 그리고 가운데 화로가 놓여 있고 그 위에는 소반보다 더 큰 커다란 번철 위에 맛있는 고기들이 구워지고 있다. 이 고기는 아마도 '설야멱(雪夜覓)'으로 짐작된다.

설야멱은 눈 오는 밤에 찾는다는 의미를 가진 '맥적(貊炙)' 즉, 구운 고기를 뜻하는데 고구려를 맥족이라 불렀으므로 고구려인들이 즐기던 고기구이로 추정한다. 꽂이에 고기를 꿰어 조미한 다음 직화로 구운 것이 지금의 불고기 시조로 보기도 한다. 아무튼, 조선시대 귀한 고기구이 요리임이 틀림없다. 1809년에 빙허각 이씨가 쓴 《규합총서》에 설야멱 조리법이 나온다. 굽는 과정에 냉수로 담가 식혔다가 다시 굽는 방법은 질긴 쇠고기를 연하게 하려는 방법이었다.

눈 오는 날 찾는다는 말인데 근래 설이목이라고 음이 잘못 전해진 것이다. 등심 살을 넓고 길게 저며 전골 고기보다 훨씬 두껍게 썬다. 칼로 자근자근 두드려 잔금을 내어 꽂이에 꿰어 기름장에 주무른다. 숯불을 세게 피워 위에 재를 얇게 덮고 굽는다. 고기가 막 익으면 냉수에 담가 다시 굽기를 이렇게 세 번 한 후 다시 기름장, 파, 생강 다진 것과 후추를 발라 구워야 연하다.

— 《규합총서》 중, 빙허각 이씨

그림 맨 왼쪽에 앉아 있는 남자의 오른손에는 귀한 청자 술병이 놓여 있다. 이 술병에는 분명히 술이 담겼을 것이다. 어떤 술이었을까? 조선시대 가장 귀한 식재료인 쇠고기와 가장 잘 어울리는 우리 술은 과연 무엇이었을까? 조선시대에는 집집마다 다양한 종류의 가양주들을 빚고 있었지만 그래도 가장 귀한 대접을 받았던 술은 역시 증류한 소주였다.

현재 우리들이 먹는 희석식 소주는 아니고 안동소주와 같이 청주를 다시 증류시켜 만든 귀한 술이다. 소주 종류로는 현재 국가 무형문화재로 문배향이 난다는 문배주가 지정되어 있다. 이 술은 조, 수수, 쌀로 빚어 문배향이 난다는 평양의 증류주이다. 이 외에도 서울시 무형문화재로 삼해소주가 지정되어 있다. 삼해소주는 해(亥) 날, 즉 돼지날에 귀한 쌀로 세 번 덧술 해서 빚은 청주를 다시 증류해 만드는 귀한 술이다.

조선시대 먹기가 어려웠던 귀한 쇠고기구이 안주와 청자 술병에 담겼던 술은 아마도 이 삼해소주가 아니었을까 한다. 오래전부터 우리 민족은 숯불에 직접 구운 고기요리가 가장 맛있다는 것을 알고 있었다. 그것도 추운 눈 오는 밤에 풍류를 곁들여 최고의 술과 함께 마셔야 최고의 맛을 누릴 수 있다는 것을 알고 즐긴 최고의 요리민족이다.

술잔, 젓가락 늘어놓고
이웃 모두 모인 자리

19세기에 활동한 화가 성협(成夾)은 여러 점의 풍속화를 남겨 이를 《성협풍속화첩》이라 부른다. 이 중에서도 야외에서 고기구이를 즐기는 모습을 야회 연회라 하여 『야연(野宴)』이라는 제목을 붙였다. 그림 위쪽에는 한문 시가 있다.

> 술잔, 젓가락 늘어놓고 이웃 모두 모인 자리 버섯이며 고기며 정말 맛있네…

시를 통해 이 모임에서 고기며 버섯을 구워 먹고 있는 것을 알 수 있다. 배경은 늦가을로 보이며 나무 그늘 아래의 단출한 모임이다. 그런데 가운데에 놓인 냄비는 전립 모양

杯著錯陳
集四隣
香蘑
肉膾上頭匀
老饞
拖此何由
解不效
屠门
對齒人

《성협풍속화첩》 중 「야연」, 성협, 국립중앙박물관.

으로 만들어져 가운데 부분이 들어간 벙거짓골(전립투)로 보인다. 전립투의 편편한 곳에서는 고기를 굽고, 버섯이며 채소는 가운데 움푹하게 들어간 곳에 넣어서 익혀 먹었다. 그림은 18-19세기 초겨울의 시식음식과 모임 음식으로 유행한 구이와 전골 문화를 보여 준다. 그런데 5명의 등장인물 중 복건을 쓰고 술을 돌려 마시는 총각이 보인다. 아마도 관례를 한 주인공이라 짐작된다. 즉, 늦가을 나무 아래 화롯가에 둘러앉아 고기버섯전골을 먹으면서 관례를 축하하는 모임으로 생각된다. 그림에서 소년의 좌측으로 고기를 후후 불며 먹는 아버지와 한껏 예를 차리며 고기를 집는 이웃 어른, 소년의 형제와 친구로 보이는 아이 둘은 시중도 들고 젓가락과 손으로 먹으며 간만의 회식에 즐거워한다. 이 따뜻한 모임에도 술이 빠질 수 없다.

맨 오른쪽에 백자 술병이 보인다. 술은 아마도 병 크기가 작은 것으로 보아 가장 일반적인 반가의 술인 청주류로서 의례를 치르는 데 주로 사용된 법주였을 것이다. 법주는 조선시대의 대표적인 의례주로 찹쌀과 물, 누룩으로 빚은 가장 정통적인 술이다. 현재 국가 무형문화재로 경주교동 법주가 지정되어 있다. 아마도 소년은 이 의례주인 법주를 한 잔 마심으로써 소년의 길을 마감하고 성인의 길로 들어서게 될 것이다.

후원에서의 술잔치엔
삼해약주

　야외는 아닐지라도 집 뒤뜰에서라도 술을 마시고 시를 쓰면서 즐기는 모습을 담은 풍속화들도 여럿 전해진다. 18세기 후반, 국립중앙박물관 소장의 『후원유연(後園遊宴; 후원에서의 잔치)』이라는 작품은 낙관이 없으나 화풍 상 김홍도의 작품으로 추정된다. 바위 그늘이 시원한 후원에서 간단한 음악연을 베풀고 있는 모습인데, 인물의 모습을 날카롭고 정확하게 묘사하여 30대 김홍도의 특징적인 면모를 나타내기 때문이다. 그림의 배경으로 약방기생이 나오고, 선비가 가야금을 타면서 음악을 즐기는 전형적인 사대부가 뒤뜰의 풍경이다.

　이 흥겨운 음악 모임의 주인공인 백자 술병과 술잔은 일

『후원유연』, 작자 미상, 국립중앙박물관.

행의 가운데에 이미 놓여 있다. 그리고 오른쪽으로 아낙과 처녀가 음식이 담긴 두 개의 소반을 들고 들어오고 있다. 그런데 겸상의 주안상 차림이 아니라 각각 외상을 들고 오는 것으로 미루어 격식 있는 외상차림으로 보인다. 그러니 술도 반가의 격조 있는 술인 청주로 생각되는데 아마도 이 집만의 비법을 간직한 가양주일 것이다. 이 가양주는 조선시대 반가의 귀한 술로 세 번을 정성껏 빚어 담는 삼양주법의 삼해약주가 아닐까 한다. 혹은 비법의 가양주일지도 모른다.

그런데 그림 위쪽에는 중국의 시인인 주소백이 쓴 시가 적혀 있다. 내용을 보면 영정조시대의 엄격했던 금주령 하에서도 여전히 집 뒤뜰에서 음주가무를 즐기고 이를 또 걱정하는 당시 사대부들의 마음을 담고 있어 해학적이다.

치석으로 영산회상의 소리를 맑게 하고
벽화로 백구타령을 조화롭게
태평세월 잔치가 심히 아름답도다
새로 내린 금주령이 지엄한데 낚시나 하면 어떠하리오.

- 주소백(周少柏)의 시

봄날 남자들의 답청놀이에는
두견주가 제격

그럼, 좀 더 근대로 넘어가서 조상들이 노는 모습을 즐겨 보자. 작품은 남성들이 둘러앉아 야외서 봄놀이 풍경을 그린 풍속화로 개항기 직업화가로 알려진 김준근의『봄에 답청 가서 노는 모습』이다. '답청(踏靑)'이란 따뜻한 봄날 파릇파릇 돋아난 풀을 밟는다는 뜻으로 봄이면 맛있는 음식을 준비하여 산과 들로 나가 꽃놀이하면서 하루를 즐기는 것을 말한다.

전래하는 화전놀이는 집안의 여성들, 특히 시집온 며느리들이 함께 모여 놀이를 위해서 장막을 세우고 참꽃으로 지짐을 지져 먹으며 봄나들이를 즐겼다고 한다. 그러나 당시의 화전놀이는 여성들의 전유물만은 아니었던 듯하다.

『봄에 답청 가서 노는 모양』, 김준근, 덴마크 코펜하겐 국립박물관.

16세기의 시인 임제는 홍만종의 『순오지(旬伍志)』 상권에, "작은 개울가에 돌 고여 솥뚜껑 걸고, 기름 두르고 쌀가루 얹어 참꽃(杜鵑花)을 지졌네. 젓가락 집어 맛을 보니 향기가 입에 가득, 한 해 봄빛이 뱃속에 전해지네"라는 맛갈스러운 시 한 편을 남겼다. 이 시로 미루어 보면 남성들도 화전놀이를 즐겼음을 알 수 있다.

　하지만 남성들의 화전놀이는 부정기적인 봄맞이 풍류의 일환이었으며, 참여 범위도 지인(知人)들로 제한되어 여성들의 화전놀이와는 구별된다. 답청 그림은 바로 그러한 남성들의 화전놀이를 보여 준다. 방랑시인 김삿갓도 화전하는 광경을 시로 남겼다. 봄에 만개한 진달래 꽃잎으로 지진 화전이 일품이었다는 것으로 보아 당시 이런 화전놀이는 봄날의 일상적인 풍경이었다 생각된다.

　　작은 시냇가에서 솥뚜껑을 돌에다 받쳐
　　흰 찹쌀가루와 참기름으로 진달래꽃을 지져
　　쌍 젓가락으로 집어 먹으니 향기가 입에 가득하고
　　일 년 봄빛이 뱃속에 전해지누나

　그림은 상투 튼 남성 넷과 댕기 머리 사내가 소풍을 즐기고 있다. 한 사내는 이미 술잔을 들고 한쪽에서는 준비된 간이 화덕에 솥이 올려져 있다. 아마도 잡은 물고기로 생선 찌개가 끓고 있는지도 모른다. 그리고 댕기 머리 남자도 자신의 술잔에 푸른 술병에 담긴 술을 따르고 있다. 그러면 댕기 머리 남자가 들고 있는 술병의 술은 무슨 술일까? 아마도 봄이면 진달래 꽃잎을 넣어 담아 먹던 두견주가 아닐까 싶다.

진달래 꽃잎으로 빚는 두견주 만드는 법은 조선시대 고조리서(古調理書)*4에 많이 등장한다. 지금도 국가 무형문화재로 등록된 유일한 술로 문배주와 경주 법주, 그리고 충남 면천 두견주 세 종류가 있다. 특히 면천 두견주는 한 사람의 지정 문화재가 아니라 충남 면천마을을 무형문화재로 지정한 공동체의 술이라 그 의미가 크다. 이렇게 봄이면 '답청놀이' 혹은 '화전놀이'에 빠지지 않았던 술이 진달래꽃 향기 가득한 두견주이었을 것이다.

---

*4 음식의 재료명을 비롯하여 음식을 만드는 요령과 그 음식의 특징을 종합적으로 기술한 옛 문헌으로서 술제조법도 실려 있다. (문화원형 용어사전에서 인용)

야외의 계회에
향기로운 가향주

다음으로 김홍도의 그림으로 알려진 《십로도상첩(十老圖像帖)》 중 『장소평(張肇平)』편을 살펴보자. 원래 원화는 조선 중기인 1499년에 그려진 작자 미상의 『십로도상도권(十老圖像圖卷)』으로 노인 10명이 계모임을 열고 있는 모습을 그린 계회도이다. 이는 고령 신씨 문중에 전해 오는 그림으로 계모임을 주재한 사람은 신숙주의 동생인 신말주인데 은퇴 이후 순창 남산에 귀래정(歸來亭)이라는 정자를 짓고 자연과 시를 벗 삼아 살았다. 그는 중국의 '향산구로회'를 본떠 계모임을 만들었다.

이 모임은 신말주가 70세가 되던 1499년에 귀래정에서 이루어졌으며, 같은 마을의 이윤철(李允哲), 안정(安正), 설산

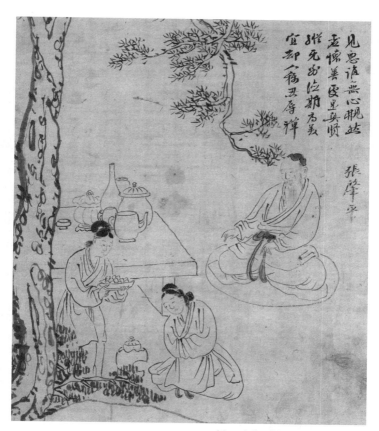

見患難無心既挫
老憂善良是吾賢
推先當位期為義
宜却人稱是厚禪

張摩平

《심로도상첩》중『장조평』, 김홍도, 호암미술관.

옥(薛山玉), 장조평(張肇平) 등 9명의 노인을 초청해 계회를 열었고 모임을 기념하기 위해 화첩을 만들어 『십로도상도권』이라고 이름을 붙였다. 이후 1790년에 후손인 신경준의 아들이 강세황에게 부탁하여, 김홍도가 원본을 따라 옮겨 그린 것이 바로 이 『십로도상첩』이다. 화첩의 발문에서 강세황은 이러한 연원을 밝혔다.

『장조평』 그림을 보면 왼쪽 나무 아래 한편에 커다란 음식상 차림이 보인다. 이 상에는 큰 도자기들이 가득 놓여 있다. 그중 목이 긴 주병도 보이는데 술병으로 추측된다. 아마도 그 속에는 노인들이 즐기는 술이 들어 있었을 것이다. 그런데 그림에는 시중드는 여인 둘도 등장하는데 한 여인은 차를 준비하고 있다. 이처럼 계회 모임에서 빠지지 않는 것이 바로 음식과 차, 그리고 술이다. 아마도 넓은 자연 속에서 음식과 술, 차를 가득 준비해 놓고 필요에 따라 먹고 마시고 즐겼을 것이다.

자연 속에서 차와 술을 시중을 받아 가며 즐기고 시를 지으면서 노니는 것이 그들이 바라는 진정한 이상향이었는지도 모른다. 그래서 그림처럼 은퇴한 신말주가 전원에서 노인들과 계모임을 만들고 술과 차, 음식들을 마시면서 사는 이상향을 실천하고 이를 기념해 그림으로 남겼으리라 보인다.

여기서 즐긴 술은 어떤 술이었을까? 백가지의 말린 꽃잎을 넣어 빚어 백가지 꽃잎 향이 난다는 백화주, 솔잎 향 가득한 송순주, 혹은 연잎향 가득한 연엽주 등의 향기로운 술들이 이들 계회의 주인공이 아니었을까? 아니면 조선시대 방랑시인인 정희량이 노래했다는 '혼돈주가(混沌酒歌)' 속의 술이 아니었을까? 그는 귀양살이 이래로 술을 집에서 빚어 마셨는데 거르지도 않고 짜지도 않고 그대로 마셔 이름을 혼돈주라 했다고 한다. 그리고 정희량이 스승으로 삼는 술이라고도 했다. 아무튼, 평화로우면서도 격식 있는 노년의 인문학적 술자리였다고 보인다.

이원의 노인들 모임에는
보양주가 주인공

　작자 미상의 1730년경에 그려진 『이원기로회도(梨園耆老
會圖)』는 스물한 명의 노인들이 이원(梨園; 조선시대 궁중음악을
맡아 보던 기관)에 모여 시가를 읊으며 친목을 도모한 것을 기
념하여 그린 것이다. 이 그림은 『이원기로회계첩(梨園耆老會
契帖)』의 앞면에 실려 있다. 오늘날 사람들이 모임을 한 자
리에서 기념으로 사진을 찍는 것처럼 계첩은 조선시대 모
임에 참석한 관료들의 명단과 모임의 장면을 그림으로 남
겨 기억했다. 소중한 인연과의 만남을 잊지 않고 오래도록
간직하기 위해서다.

　연회의 한가운데에 큰 상이 놓여 있고 그 상위에는 하얀
술병이 가득한 것을 볼 수 있다. 역시 술병이 크고 여러 개

『이원기로회도』, 작자 미상, 국립중앙박물관.

준비된 것으로 보아 이 연회를 위해 미리 빚어 잘 발효시킨 청주류일 것이다. 혹은 노인들의 정겨운 친목 모임이니 노인들의 장수와 건강을 위하여 인삼이나 귀한 약재를 넣어 담근 보양주가 노인들 모임의 술로 등장하였을지도 모르겠다.

조선시대는 청주를 약주라고 불렀으며, 또 실제로도 몸에 좋은 약재를 넣어 담근 보양주를 즐겼다. 문헌에도 이러한 약용곡주가 많이 등장한다. 몸에 좋은 구기자를 넣어 담은 구기자주, 오가피주, 복령주, 천문동주, 지황주 혹은 인삼을 넣어 빚은 인삼주 등이 그러한 것들이다. 퇴계 이황도 누렁 개의 즙과 찹쌀, 누룩으로 담는 보양주인 무술주를 즐겼다고 『활인심방』에 나온다. 그리고 대나무 진액으로 담는 죽력고, 지치를 넣어 담는 진도홍주, 배와 생강을 넣어 담는 이강고 등은 증류과정을 거치는 귀한 술인 약용증류주로 알려졌다. 이처럼 이날의 술도 분명 몸에 좋은 보양주였으리라.

그림을 자세히 보면 연회에 참가한 노인들은 각자 외상을 받고 있다. 이렇게 각 개인이 외상차림을 받는 형태는 다른 풍속화 특히 결혼 60주년에 치러지는 회혼례나 노인들의 모임을 그린 '기로회도'에서 많이 나타난다. 대부분이 음식상과 함께 술상을 따로 준비하여 두고 있다. 그리고 대부분 큰 술병을 따로 준비하여 필요한 사람에게 제공한다. 술병은 하얀 주병으로 일반 주병과는 달리 길이가 길다. 실제로 이러한 유형의 병이 전하지는 않으나, 당시 일부 귀족들이 사용했던 것임을 주연상에 똑같은 모양의 병이 십여 개 놓인 것을 보고 알 수 있다. 따라서 술은 따로 커다란 술병 가득 준비해 두고 언제든 마음껏 마시라는 풍요로운 술문화의 일면이다.

중양절 기로연에서
국화주를 올리다

　빼어난 계회 그림 중 하나가 김홍도의 『기로세련계도(耆
老世聯契圖)』이다. 조선 왕실에서는 나이 든 신하들에게 잔치
를 베풀었는데 이를 기로연이라 하고 구가 두 번 겹치는 9
월 9일 중양절에 열었다. 이 그림은 1804년 개성 만월대에
서 열린 기로연을 그린 것이다. 그림 상단에 홍의영(洪儀泳)
이 쓴 장문의 제발(題跋)이 적혀 있다. 내용은 1804년 늦가
을에 지금의 개성 송악산 만월대 아래에서 기로연이 열렸
으며, 마침 김홍도가 그것을 보았기에 부탁하여 그렸다는
것이다. 그림의 아래에는 계회에 참석하였던 64인 기로들
의 성명과 관직이 빼곡 적혀 있다.

　그림은 64인의 주인공을 비롯하여 200인 이상이 북적거

　　　▶ 우측 그림 : 『기로세련계도』, 김홍도, 서울 개인소장.

리는 계회장의 모습을 묘사했지만, 짜임새 있는 공간 구성으로 오히려 여유롭고 넉넉하게 느껴진다. 배경이 송악산이고 복잡한 잔치 장면 속에는 여러 가지 흥미로운 삶의 단면들이 펼쳐진다.

거지가 동냥하자 손을 내저으며 거절하는 장면, 초동이 나무 지게를 내려놓고 황급히 잔치 장소로 달려가는 장면, 술에 취해 몸을 가누지 못하고 추태를 부리는 장면, 흥에 겨워 춤을 추는 장면이 보인다. 그림 왼쪽 한쪽에는 노상 주점을 차려 놓고 한 여인이 둘러앉은 여러 명의 남자들에게 술을 팔고 있는 모습도 보인다.

이처럼 여기서도 술은 빠지지 않았다. 자세히 들여다보면 노상 주점 주변으로 벌써 술에 취한 사람이 눈에 띈다. 음력 9월은 '국추(菊秋)'라 할 만큼 국화가 만발한 계절이다. 그래서 이때에는 계절주로 국화주가 대유행이었다. 이미 고려시대부터 술의 신, 주신(酒神)이라 불리는 이규보는 다음과 같이 읊었다.

젊었을 때는 중양절 만나면 부지런히 황국을 찾았었네, 좋은 술 나쁜 술 따지지도 않고 이것 띄우니 향내 풍기더라…

이렇게 중양절이면 국화를 감상하거나 국화를 따다가 술을 담고 화전을 부쳐 먹었다. 국화주는 그 향기가 좋아 많은 사람이 즐긴 술이었다. 서민들은 막걸리에다가도 노란 국화를 띄워 마시면서 풍류를 즐겼다고 한다. 그러니 이날 기로연에서 노인과 서민들이 즐기고 취한 술은 바로 국화주였을 것이다. 아마도 주인공인 64명의 노인 외에도 그림 바깥쪽에 그려져 있는 노상 주점에서 파는 값싼 막걸리에도 국화가 띄워져 있었을 것이다.

야외의 계회에서 즐긴
술송주

    조선시대 풍속화가인 김득신이 그린《풍속8곡병》중에도 『계회』가 있다. 1815년경에 그려진 것으로 추정되며 야외의 소나무 아래에서 뜻이 맞는 사람들이 모여서 계회를 하고 있다. 이 시기에 계회를 통한 만남을 기념하고 기록하는 계회도가 많이 그려졌다. 최근에 모임을 찍어 SNS에 올리는 것과 크게 다르지 않아 보인다.

    계회도는 고려시대부터 관료들이 주도해서 만들었다. 그러다가 조선 후기에 오면 지방의 양반이나 중인층에 이르기까지 계회를 갖고 계회도를 제작하는 두꺼운 층을 형성하게 된다. 이 계회도도 격식 있는 자리가 아니라 자유롭고 풍요로웠던 중인들의 술자리 겸 야외 계회 모습으로 보인다.

《풍속8곡병》중 『계회』, 김득신, 호암미술관.

계회에는 으레 음식과 술이 빠질 수 없었다. 둘러앉은 계원들의 가운데 자리에는 술병이 자리를 차지하고 있다. 그림 한편에는 음식과 술을 나르는 시동의 뒷모습도 보인다. 그림 중에는 벌써 술에 취해 비스듬히 누워 있는 사람도 있다. 시중드는 기생도 함께하는 술자리다. 역시 음주와 가무를 즐기기 위한 거문고도 등장하여 이미 한 남자가 흥에 취해 거문고를 타고 있다. 술과 함께 가무가 어우러지는 조선후기의 술문화를 추측해 볼 수 있는 그림이다.

그런데 중인들의 계회에서는 무슨 술을 즐겼을까? 야외에서의 풍류를 즐겼던 우리 민족은 이에 걸맞게 아름다운 향을 가진 술을 많이 빚었다. 서양의 포도주가 포도만으로 술을 만드는 데 비해 우리는 곡물주에 향기나는 재료를 넣어 빚는 가향곡주를 많이 빚었다. 안동 사대부인 김유가 쓴 조선 중기의 고조리서인 『수운잡방』에는 쌀, 포도즙, 누룩으로 빚는 '포도주법'이 나온다. 이 외에도 조선시대 고조리서에는 도화주, 국화주, 연엽주, 배화주, 구자주, 하엽주, 두견주 등이 나온다.

소나무 아래에서 계회를 즐길 만큼 우리는 소나무를 사랑하였다. 그래서일까? 소나무에 관련된 술만도 송액주, 송절주, 송자주, 송화주, 비스듬히 누운 큰 소나무를 그릇 삼아 빚는 술인 와송주, 그리고 송순주가 있다. 이 중 아름다운 소나무 그늘서 즐긴 술로는 조선시대 고조리서에 거의 빠짐없이 등장하는 소나무의 송순과 술잎으로 빚는 '솔송주'가 제격 아니었을까? 멋들어진 소나무가 인상적인 그림에서 소나무 향에 취하고, 또 솔송주의 솔 향기가 화면 가득 느껴진다.

소박한 모임엔
소박한 막걸리

　연회나 격식 있는 모임에서는 주로 청주, 혹은 소주를 즐겼겠지만, 서민층에서는 소박한 안주와 함께 막걸리를 즐겼을 것으로 추측한다. 막걸리의 맛과 분위기는 소박함에 더 어울린다. 막걸리는 값이 싼 술이기도 하지만 술을 빚는 과정이 그러하듯 격식과 예의보다는 자유분방한 모습에 어울리는 술이다. 따라서 막걸리에는 대개 안주가 특별히 정해지지 않아도 되었다. 그런데 가난했지만 시를 즐기는 식자층에서도 막걸리를 많이 즐겼다. 이들 선비가 남긴 시들을 통해서 막걸리와 소박한 안주로 청빈한 삶을 즐기는 모습이 잘 드러난다.

대(帶) 업슨 손이 오거든 갓 버슨 주인이 나셔

여나모 정자에 박 장긔 버려 노코

아희야 선술 걸러라 외 안쥬인들 엇더리

— 작자 미상

시에서 보이듯이 의관을 제대로 갖추지 않은 손님이 오는 데 주인인들 굳이 갓을 쓰고 점잖게 예의를 갖추어 맞을 필요가 없는 것이다. 아직 제대로 익지 않은 막걸리를 걸러서 오이를 안주로 삼아도 좋으니 그렇게 준비하라고 한다. 산촌의 소박한 풍미를 진솔하게 읊고 있다.

고려시대의 빼어난 문인인 이규보는 술을 너무도 사랑한 주신이기도 하다. 그는 자신의 한시에서 막걸리의 참맛을 노래한다. 흰 눈이 펄펄 내리는 한밤에 고요한 산재(山齋)에서 나뭇등걸로 데워 마시는 막걸리의 흥취를 잘 표현하였다. 이렇게 마시는 막걸리가 왕실에서 부귀의 상징인 양 흥청망청 벌이는 술자리에서 마시는 고급주에 결코 비길 수 없다는 것이다.

하지만 집 처마에 여섯 가지 채소를 심어 놓고 이를 노래한 「가포육영」이라는 시조에서는 그도 가난한 시절 막걸리인 백주를 할 수 없이 마시는 것으로 표현하기도 하였다. 그러나 늙어서는 한가로이 나뭇등걸을 태워 데워 먹는 막걸리의 흥취를 아름답게 노래하고 있다.

> 화려한 집 따뜻한 방 안에서
> 밤마다 주연을 베풀어도
> 부귀 속에서의 맛이란
> 곧 사라지기 쉬운 것이니
> 어찌 백설이 쌓인 한밤의 산재에서
> 한가로이 나뭇등걸을 태워서
> 막걸리를 데우는 흥취에 비길소냐?
>
> – 이규보 「겨울밤 산사에서 간소한 주연을 베풀다(多夜山寺小酌)」, 『동국이상국집』

현대에도 막걸리는 요정이나 기녀의 가무가 곁들인 주연에서는 어울리지 않는 술이다. 그러한 분위기에 막걸리가 어울리지 않기도 하겠지만, 막걸리 자체도 그러한 분위기를 마다했을 것이다. 막걸리에게는 소박한 시골 주막 주모의 노랫가락이면 그것으로 최상의 분위기가 되었다. 다음 시는 그러한 분위기를 연상시킨다.

선운사 고당으로

선운사 동백꽃을 보러 갔더니

동백꽃은 아직 일러 피지 안했고

막걸릿집 여자의 육자배기 가락에

작년 것만 오히려 남았읍디다.

그것도 목이 쉬여 남았읍디다.

— 서정주(徐廷柱) 「선운사 동구에서」

5장

주막과 술집

우리 조상들은 어디서 어떻게 술을 즐겨 왔을까? 예로 부터 술을 먹고 마시고 즐기는 문화가 존재한 곳은 주막 이다. 주막은 그 후 진화되어 오늘날의 음식점으로 발전한 다. 2008년 이후 외식시장 규모는 가정 내 식사 규모를 초 과할 정도로 커졌다. 바로 주막에서 시작된 음식점의 역사 가 바로 외식문화의 역사이기도 하다. 조선시대는 물론이고 1920년대까지만 해도 서울에는 오늘날처럼 식사를 전문적 으로 판매하는 반듯한 음식점은 별로 없었다. 그 대신 술을 판매하면서 술국이나 탕을 판매하는 집들이 주류를 이루었 다. 그런데 조선시대 사람들은 어떤 술집을 즐겨 찾았으며 그러한 술집은 언제 생겨난 것인가에 대한 정확한 기록은 없다. 단지 조선시대 문헌을 통해 추측할 뿐이다.

조선 전기에 가장 빈번하게 발효된 법령 중의 하나가 금주 령이다. 국가가 수시로 금주령을 발동하여 개인의 음주를 금 지하였다. 술은 대부분 귀중한 생명 줄인 곡물로 만들어졌기 때문에 흉년이 들었을 경우 곡물의 낭비는 곧 죽음을 불러 왔기 때문이다. 그런데도 조선 전기는 음주의 시대였다. 이 러한 시대에 마음대로 술을 마실 수 있는 사람들은 양반 관 료들이었다. 관청마다 술 창고가 딸려 있었을 뿐 아니라 영 접, 전송 등의 행사에 모두 술을 사용하였다. 《중종실록》에 의하면 품계가 높은 서울의 아문과 육조 소속 각 관청에서는 자체로 술을 빚어 물처럼 마셔 이 때문에 원래 술 판매에 종사하던 각 관아의 노복들이 생업을 잃기도 하였다고 한다.

그리고 서울 시내 각 시장에 누룩을 파는 곳이 7-8군데 있고 거기서 하루에 거래되는 누룩으로 빚는 술의 양이 쌀 1천여 석에 이른다고 하였다. 과장이 약간 섞였겠지만 엄청난 양이 아닐 수 없다. 이 때문에 흉년을 핑계로 관청의 술 창고를 혁파하지만 그렇다고 술의 소비량이 줄어들지는 않았다고 한다.

조선시대 이처럼 음주문화가 성행하였다면 그 구체적인 행태는 어떠하였을까? 추측건대 조선 전기에는 지금의 술집처럼 술과 안주를 함께 제공하는 형태의 술집은 존재하지 않았던 것으로 보인다. 다만 술만 파는 형태의 주류 판매업인 병술집은 존재하였다. 그러니까 오늘날과 같은 형태의 술집은 조선 후기에 출현하였다. 특히 영조는 금주령을 내린 임금이었다. 그러나 정조는 영조시대의 그 가혹한 금주령이 별 효과가 없음을 간파하고 금주령 발동을 하지 않아 술집이 폭발적으로 증가하였다. 《정조실록》에 의하면 "서울 시내에 큰 술집이 골목에 차고 작은 술집이 처마를 잇대었다"고 한다.

정조 때 채제공이 말하는
술집의 모습

비록 수십 년 전의 일을 말하더라도 애주가의 술안주는 김치와
자반에 불과할 뿐이었습니다. 그런데 근래에 백성의 습속이 점
차 교묘해지면서 신기한 술 이름을 내기에 힘써 현방의 쇠고기
나 시전의 생선을 따질 것도 없이 태반이 술안주로 들어갑니다.
진수성찬과 맛있는 탕이 술 단지 사이에 어지러이 널려 있으니
시정의 연소한 사람들이 그리 술을 좋아하지 않아도 오로지 안
주를 탐하느라 삼삼오오 어울려 술을 사서 마십니다. 이 때문에
빚을 지고 신세를 망치는 사람이 부지기수입니다. … 시전의 찬
물 값이 갈수록 뛰어오르는 것은 이 때문입니다.

– 채제공(정조 16년, 1792)

이렇게 시정의 술집이 발달하면서 점차 그 종류도 다양해졌을 것이다. 정확한 자료는 없지만 김화진의『한국의 풍토와 인물』(을유문화사, 1990) 중의 '옛날의 음식점'에 의하면 "지금으로부터 약 70년 전까지 서울 안의 음식점은 목로(木櫨)술집, 내외(內外)술집, 사발 막걸리 집, 모주(母酒)집이 이채를 띠고 여자가 조흥하는 술집은 색주가뿐"이라고 증언하고 있다. 여기서 목로주점은 서서 술을 마시는 선술집이고, 내외주점은 행세하던 집 과부가 생계에 쪼들려 건넌방이나 뒷방을 치우고 넌지시 파는 술집이다. 그리고 색주가는 여자가 술을 따르고 노래를 불러 흥을 돋우는 그렇고 그런 술집이라고 하였다. 사발 막걸리 집은 사발단위로 값을 정하고 파는 막걸리라고 볼 수 있다. 모주 집은 모주를 파는 술집인데 모주란 술 찌꺼기를 걸러 마시는 것이었다.

이처럼 숙종 조에 모습을 보인 시정의 술집은 영조 시절의 혹독한 금주령 아래서 일시 위축되었다가 18세기 후반 정조 때 본격적으로 출현한다. 그러나 술집이 발달한 가장 큰 이유는 경제 발전에 있다. 18세기 조선은 화폐가 본격적으로 사용되고 대동법과 균역법의 전면적인 시행으로 도시 상공업이 발달하였으며, 농업 분야에서도 기술적 진보로 인하여 잉여생산물이 생겨나는 등 경제규모가 크게 확대된다.

이런 것들이 궁극적으로 생활의 여유를 가져오고 술집을 발달시킨 요인으로 생각된다.

조선 말기에 발달한 술집이 일제 강점기에 오면 경제가 어려워지고 살림이 피폐해지면서 오히려 상점과 식당들이 서울의 종로와 을지로 및 청계천에 자리를 잡는다. 특히 음식점이 많이 늘어났는데 음식점 중에서도 '선술집'이 가장 많이 늘어나게 되었다. 이러한 주점은 1930년대가 되면 술집에서 밥집으로의 변신을 하게 된다. 술과 술국을 함께 파는 식당이 가장 먼저 발달했다. 지금도 존재하는 서울 종로구의 '용금옥', 안암동의 '곰보집', 신설동의 '형제 추탕', 이문동의 '이문설렁탕', 청진동의 '청진옥' 등이 모두 주점을 주로 하면서 술국을 팔았다. 그러니까 음식점의 역사는 술을 주로 팔던 술집에서 시작된 역사라고 하여도 될 것이다.

이상 사회의 중심에 자리 잡은
『태평성시도』 속 술집

조선 후기에 사람들은 술집에 대해 어떤 생각을 하고 있었을까? 이를 보여 주는 흥미로운 그림이 있다. 국립중앙박물관에 소장된 『태평성시도(太平城市圖)』라는 조선 후기에 제작된 그림이다. 이는 모두 8폭으로 구성된 《성시전도(城市全圖)》란 도성의 전경을 그림으로 그린 것을 말하는데, 지도식 그림에 산수와 건물, 인물 등이 입체적으로 표현되어 있다. 인물의 복식이나 가옥의 모양에는 중국적인 것이 많이 가미되어 있어 중국 그림으로 생각하는 사람도 있지만, 이는 중국의 그림 풍을 본받아 그린 것이기 때문이다.

원래 『태평성시도』는 조선사회가 지향하는 이상사회의 모습을 담고 있어 이 그림에서 조선사회가 지향하는 이상

『태평성시도』, 작자미상, 국립중앙박물관.

적인 도성의 모습을 읽어 낼 수 있다. 그런데 흥미로운 것은 그림에 보이는 상가 중앙에 술집이 보인다. 화면 중앙의 번화가에는 아주 큰 술집이 자리 잡고 있다. 2층으로 된 이 건물에는 화려한 고급집기가 가득히 진열되어 있고 고급주류와 산해진미도 가득하다. 벌써 몇 사람의 손님이 자리를 잡고 술좌석을 벌이고 있다. 물론 이 『태평성시도』에 나타나 있는 술집도 실제 있었던 상황을 그린 것이 아니고 이런 정도의 고급술집도 있었으면 하는 이상적인 술집을 가상으로 그린 것이다.

실학자 박지원은 『열하일기』에서 중국의 술집에 대해 언급한다. 1789년 7월 10일, 중국 성경에 도착하여 그곳의 술집에 들어간 박지원은 중국 술집의 규모와 화려함, 그 운치 있는 풍경에 충격을 받는다. 비교적 조선시대의 주점이 영세하고 형편없었던 데 비해 이미 중국에서는 상당한 수준의 주점이 있었음을 알 수 있다. 이러한 중국의 영향으로 그려진 것이 바로 『태평성시도』에 있는 술집이다. 이처럼 조선 후기에도 먹고 마시는 문화를 아주 중시하여 유교문화 속 이상적인 도성의 한가운데 배치한 것이 재미있다. 술을 좋아하는 민족성은 그때나 지금이나 같다.

흥겨운 행사에 등장한
잔술 파는 남자

조선시대에는 길거리에서 과객들을 대상으로 술을 팔거나 혹은 구경거리가 열리면 한편에서 술을 팔았던 것으로 보인다. 이를 잘 보여 주는 풍속화가 있다. 그림 제목은 씨름 모습을 그린 『대쾌도(大快圖)』이다. 확실한 필자는 알수 없지만, 화원 신윤복이 그린 것으로 추측되는 풍속화로 1800년대 초 그림으로 추정된다. 이와 유사한 그림으로 유숙이 그렸다고 추정되는 『대쾌도(大快圖)』가 있다.

그림에서 보듯이 씨름과 택견, 그리고 이를 즐기는 백성들의 모습을 통하여 조선의 평화로운 생활상을 보여 준다. 구경꾼들의 신분도 다양해서 어린아이들로부터 노인까지 상인과 사대부들도 모두 참여하여 즐기고 있다. 이러한 구

『대쾌도』, 전 신윤복, 국립중앙박물관.

경거리에 빠지지 않는 것이 먹거리이고, 그림처럼 엿을 파는 행상이 거의 중앙무대를 누빈다.

여기서 그림 아래쪽을 살펴보면, 한창 씨름판이 벌어진 가운데 한 남자가 술판을 벌여 놓고 잔술을 팔고 있다. 그리고 여러 개의 술잔과 함께 안주를 담은 빨간 찬합도 보인다. 아마도 야외에서 팔기 좋은 육포나 어포 같은 마른 안주일 것이다. 그런데 술을 팔고 있는 남자의 술판에 다양한 크기의 술병이 있는 것으로 보아 손님의 취향에 맞게 막걸리나 청주류 등의 여러 종류 잔술을 팔았던 것으로 보인다.

이 그림으로 미루어 조선시대에 사람들이 모이는 곳이면 아마도 술을 파는 난장도 함께 벌어졌을 것으로 추측된다. 오늘날 축구장이나 야구장에서 맥주를 즐기는 것과 크게 다르지 않다. 예로부터 현대까지 음주가무의 민족답게 술은 어떤 행사에도 빠지지 않았다.

또한 야외에서 술을 파는 들병장수가 대부분 여자라고 알고 있는데 이 그림 속의 들병장수는 뜻밖에 남성이라는 점이 흥미롭다. 그뿐만이 아니다. 그림의 오른쪽을 보면 빨간 가사를 걸친 스님도 보인다. 아마도 술 파는 모습을 보며 입맛을 다시고 있는 건지도 모르겠다. 이처럼 술을 파는 풍경에 얽힌 모습에서 당시의 분방한 사회 모습도 짐작된다.

밥과 술을 함께 해결한
조선시대 주막

　김홍도는 조선시대의 풍속을 그림에 빼어나게 담아낸 최고의 화가이다. 그는 여러 가지 풍속을 그렸지만 일상적이었던 술 마시는 광경을 담은 『주막(酒幕)』그림을 다수 남기고 있다. 김홍도의 주막 풍경은 첫눈에 보기에도 초라하다. 초가지붕에 방과 마루 주변에는 별다른 장식을 볼 수 없다. 아마 어느 시골의 길가에 있는 외딴 주막인 모양이다. 주모는 어린아이와 함께 마루에 앉아 술 단지와 술병 그릇 몇 개를 늘어놓고 길손을 맞이하고 있다. 술 단지에는 막걸리가 가득하다.

　작품에서는 18세기 식생활풍습도 함께 볼 수 있다. 사용하는 식기는 흰 백자기인데, 국밥(湯飯)을 만 그릇은 그 크

《단원풍속도첩》 중 「주막」, 김홍도, 국립중앙박물관.

기가 매우 큰 것을 볼 수 있고 주둥이가 약간 벌어진 것이 큰 대접(大楪)임을 알 수 있다. 주로 밥그릇으로 주발, 바리, 사발 등이 있는데 사발 중 나팔꽃 모양으로 주둥이(口部)가 벌어진 것을 바라기라 하며 기벽(器壁)이 바로 선 것을 입기(立器)라 한다. 주모가 막걸리를 담기 위해 한 손에 들고 있는 그릇은 기벽이 거의 일직선 상의 입기(立器)이며, 여기다 주로 막걸리를 담아 마셨던 것을 알 수 있다. 그 외에도 빈 그릇이 여러 개 놓여 있는데 이것은 사발(沙鉢)로 보인다.

조선 후기 사발은 실용성을 중시해 가장자리도 비교적 두텁고 끝이 바깥으로 휘어진 모양이 거의 없으며 무늬가 없는 것이 일반적이다. 국밥 상에 놓인 작은 그릇은 김치가 담긴 보시기로 사발보다 모양이 조금 작은 것으로 보아(甫兒)라고도 하며, 반상차림에서 김치 그릇뿐만 아니라 첩수의 수를 의미하는 쟁첩을 구성하는 식기이다. 김치가 담긴 보시기 옆에 놓인 접시에는 나물이 담겨 있을 것으로 생각된다. 김치나 나물 등이 막걸리의 주요 안주였을 것이다. 그리고 술동이 옆에 백자기로 된 대병이 보이는데, 이 대병은 주로 술을 담거나 식초를 보관하는 초병으로 사용되었다.

주모가 국자로 막 뜨고 있는 텁텁한 막걸리가 담겨 있는 그릇은 옹기로 만든 술동이다. 동이는 두멍보다 약간 작은 것으로 아구리가 조금 안으로 오므려 있어 자연히 몸통의 배가 부르며 좌우에 손잡이가 달려 있다. 일반적으로 가장 많이 사용되는 그릇인데 내용물이 출렁이는 것을 방지하기 위해 아구리가 약간 오므라지게 고안되었다. 또한 동이 옆에 물건이 가득 담긴 소래기가 보인다. 소래기는 버치, 대발이라고도 하는데 대체로 식품을 담는 데 쓰였으며, 항아리 뚜껑으로도 쓰였고 모양은 큰 접시와 같다.

주막의 구조 중에 특수한 것은 술그릇을 놓는 선반 밑으로 아궁이가 있어 그 위에 솥을 걸어 항상 국이 끓고 있다. 솥이 걸린 옆자리 부뚜막에 주모가 앉아 손님에게 술과 국을 떠 준다. 이처럼 18세기 주막의 모습에서 술과 함께 따끈한 국밥 한 그릇을 같이 파는 모습을 엿볼 수 있다.

때마침 주막에는 두 사람의 나그네가 찾아들었다. 모두 지고 온 짐을 등 뒤에 벗어 놓고, 차양도 치지 않고 자리도 깔지 않은 땅바닥에 주저앉아 소반을 앞에 놓고 점심을 먹고 있다. 아마도 식사가 끝나면 이젠 막걸리를 마실 것이다. 주모는 앞에 놓인 술 단지에서 구기로 막걸리를 떠서 사발에 부으려고 한다. 그 막걸리를 몇 사발 들이키고 나면 나그네는 떠나갈 것이다. 이렇게 조선시대 주막은 배고픈 나그네들에게 밥과 술을 해결해 주는 중요한 장소였다.

시골 주막의
한가로운 맛

　김홍도의 《행려풍속도병(行旅風俗圖屛)》 중 또 다른 주막
풍경인 『노변야로(路邊冶爐)』이다. 주막의 위치는 시골 길가
의 외딴곳이고 따라서 주막의 모습은 허술하기 짝이 없다.
초가지붕 아래로 마루가 보이고 차양을 바깥쪽으로 쳐 놓
았다. 주모는 부뚜막에 앉아서 마루 쪽을 향해 앉아 있는데,
마루에는 술 단지와 술안주를 준비해 놓은 듯한 그릇이 보
인다. 또 주막에서 조금 떨어진 한쪽에는 술독으로 보이는
옹기가 놓여 있다. 주막을 찾아온 손님은 모두 세 사람이다.
　장꾼 모습의 두 사람은 마당의 나무 그늘에 앉아 쉬고 있
다. 아마 막걸리를 곁들인 점심이 끝난 모양이다. 또 한 사
람은 갓을 쓰고 두루마기를 입은 선비풍의 나그네인데, 조

《행려풍속도병》중『노변야로』, 김홍도, 국립중앙박물관.

금 전에 도착하여 마루 앞 맨땅에 앉아 식사하고 있다. 식사가 끝나면 이 선비도 막걸리 한 사발을 청할 것이다. 이렇게 민생고를 해결하는 것은 선비나 장꾼이나 마찬가지라 모두가 이곳에 들려 밥과 술을 해결하고 있다.

이처럼 김홍도가 화원 시절에 가장 먼저 제작한 풍속화인《행려풍속도병》은 병풍 형식의 풍속화이다. 강세황의 제발에 의하면, 이 그림은 1778년 초여름에 강희언의 집으로 추정되는 담졸헌에서 그린 것이다. 당시 중부동에 위치한 강희언의 집에서는 이름난 화원들의 모임이 자주 있었다. 그림이 제작되기 일년 전 김홍도를 비롯하여 신한평, 김응환, 이인문, 한종일, 이종현 등이 모여 공적인 혹은 사적인 일로 그림을 그렸다.

또한 중인 출신의 문인, 화가, 가객 등이 자주 모여 풍류를 나누면서 일종의 문예 운동을 펼쳐 나갔는데, 이 모임도 그러한 성격의 것으로 보인다. 만일 이 그림이 김홍도의 가장 이른 시기의 풍속화라면, 강희언의 집에서 가졌던 모임은 김홍도의 풍속화를 탄생시킨 산실이 되는 것이다. 더욱이 강희언은 풍속화를 제작한 경험이 있으므로 그의 경험이 김홍도의 풍속화에 도움이 되었을 것이다. 그림의 상단에 표암 강세황의 평을 보면 표암도 역시 시골 주막의

풍경은 황량해 보이지만 오히려 이로 인해 더 한가롭다고
하였다.

> 논에는 해오라기가 날고
> 높은 버드나무에 부는 바람은 시원스럽네
> 대장간에서는 쇠를 두드리고
> 길 가는 나그네는 밥을 사 먹네
> 시골 주막의 황량한 풍경에
> 도리어 편안하고 한가로운 맛이 있음을 알겠네.
>
> – 그림 속 제발, 표암 강세황

주막 막걸리 한 사발에
세상 풍문이 나돌고

　　조선 후기의 또 다른 화가인 김득신의 《풍속8곡병》에도 주막을 그린 그림이 들어 있다. 이것을 보면 조선시대 풍속화 중 주막은 중요한 화제였음을 알 수 있다. 그만큼 주막도 많았고 일상적인 모습이었다. 그림에서는 주막이 두 채가 보인다. 앞쪽의 주막에서는 소를 몰고 온 농부가 술값을 치르려고 주머니를 뒤지고 있다. 그 뒤 오른편에 자리 잡고 있는 주막에서는 선비 두 사람이 막 나귀에서 내려 잠깐 쉬어 가려고 주막 안으로 들어간다. 그러자 중노미가 마중나와 손님을 안내하고 주모는 대청에서 술상을 준비하고 있다.

　　조선시대 '주막'은 지나가는 나그네는 물론이거니와 동네 사람들의 놀이터이고 휴식처였다. 오고 가는 막걸리 한 사

《풍속8곡병》 중 「주막」, 김득신, 호암미술관.

발에 조정이나 양반들의 풍문이 나돌고 이웃의 얘기가 오가는 곳이었다. 그런 면에서 요즘 술집과 마찬가지이다.

옛날 주막은 술만 파는 곳이 아니라 나그네가 묵어가는 숙소의 역할을 겸하였다. 나그네가 주막을 찾아들면 다른 사람들과 만나게 된다. 그들과 인사를 교환하고 나면 한잔 술을 서로 나누어 마시기도 한다. 이것이 흔한 주막 풍습이었다. 손님은 흔히 주막의 주모와 술잔을 주거니 받거니 하며 자신의 신세타령을 늘어놓기도 한다. 이처럼 주막의 주모는 손님의 나이나 지위와 관계없이 손님이 잔을 주면 스스럼없이 받아 마실 수 있었다.

주막을 찾는 가난한 술꾼들 가운데는 돈이 없으면서도 주막에 붙어살다시피 하면서 남의 술을 축내거나 주모의 눈치를 슬금슬금 보면서 공짜 안주를 챙기는 사람도 있었다. 이들이 주모에게 추파를 던지면 주모는 눈치를 채고 물을 탄 막걸리로 푸대접했다고 한다.

조선시대 주막에서 팔았던 술은 박주, 즉 막걸리를 주로 팔았다. 술은 한 잔, 두 잔씩 잔으로 계산하여 마신 경우가 많았는데, 이때는 값을 받지 않는 안주가 한 점씩 제공되었다. 목판에 마련된 안주에는 마른안주로는 육포와 어포 등이 있었고 진안주로는 쇠고기나 돼지고기를 삶은 수육과

너비아니, 빈대떡, 떡산적, 생선구이와 술국 등이 있었다. 여기에 김치와 나물류가 빠지지 않았을 것이다. 또 식사류에는 장국밥이 주류를 이루었다.

한편 조선시대 술집에는 주막 외에도 목로집이 있었다. 목로집은 술청에 목로(木爐)*5를 베풀고 술을 판다고 하여 붙여졌다. 조선 후기 실학자였던 이덕무의 「소년행」이라는 시 속에 목로집 풍경이 나온다.

목로집에서 연엽주(蓮葉酒)를 들이키는데
문밖에 얼룩말이 울어댄다
허허 웃으며 멋 부리는 청춘이라
금 채찍 저당 잡혀 술값 치르네

연엽주는 찹쌀과 누룩에 연잎을 넣어 담그는 귀한 술이다. 왕에게도 진상했다고 하는 술로서 현재 아산 외암리의 이참판댁에서 담그는 연엽주는 충남무형문화재로 지정되어 있다. 그런데 주로 막걸리를 팔았으리라 생각되는 목로집이 조선 후기에 와서는 연엽주도 팔게 되었다는 사실이 재미있다.

---

*5 목로의 형태는 길고 좁으며 전을 붙여서 목판처럼 되어 있음

금주령에도 항아리엔
넘치는 청주

그림은 영조대의 유명한 화가 혜원 신윤복 풍속화첩의 『주사거배(酒肆擧杯)』이다. 앞의 길거리의 주막과는 달리 처마 또는 차양이 있는 정식 술집의 모습이 보인다. 술집에는 대청의 뒤쪽으로 뒤주가 놓여 있고 그 위에는 술 항아리 등이 놓여 있다. 한쪽 옆의 찬탁 위에는 술집에 필요한 그릇과 술병 등의 집기가 놓여 있다. 대청마루와 부뚜막이 연결된 자리에도 깨끗하게 정돈된 술병, 국그릇, 사발 등의 집기가 놓여 있다. 부뚜막에는 두 개의 솥이 걸려 있고 아궁이는 마당 쪽으로 나 있다. 솥에서는 아마 술국이 끓고 있을 것이다.

그림의 배경은 혜원이 살았던 시기인 18세기 말 서울의

『주사거배』, 신윤복, 간송미술관.

술집 모습으로 보인다. 기와집과 초가집의 지붕들 사이로 보이는 풍경, 마루 뒤편의 장이나 장 위에 놓인 많은 백자기 등은 술과 밥을 팔며 나그네를 유숙시키는 일반 주막과는 다른 모습이다. 트레머리하고 남색 치마와 짧은 저고리를 입은 주모는 오른손으로 국자를 들고 술을 담는다. 한잔 술에 거나해진 손님들이 떠들썩하며 떠나려는 참인지 마당에서 서성이고, 아직도 아쉬운 듯 부뚜막 가를 맴도는 나머지 일행을 재촉하고 있다.

이 풍속화에는 금주령 아래에서 양반들의 탈법 행위와 퇴폐적인 모습을 풍자하고자 한 혜원 신윤복의 뜻이 담겨 있다. 혜원이 살았던 당시에는 가장 엄격한 금주령이 있었다. 그러나 풍속화에서는 대낮임에도 불구하고 관리로 보이는 사람들이 술집을 찾아 술을 즐기고 있음을 볼 수 있다. 실제로는 금주령이 제대로 지켜지지 않았다는 것이다. 당시 양반들은 술을 마시다 들켜도 벌을 받지 않고 백성들만 걸려서 재산을 빼앗긴다는 원성이 자자했었다. 이렇듯 당시 백성들은 생존을 위한 식량도 부족하여 굶주리고 있었으나, 임금의 금주령 상황에서 굶주린 백성의 곡식으로 빚는 술을 몰래 마시는 관원들의 행위는 질타받아야 마땅했고 이를 혜원은 풍속화를 통해 꼬집고 있다.

이러한 당시 모습은 이덕무의 한시에서도 비판적으로 드러난다. 「세시잡영」에서 백성들에게는 정월 세시주인 도소주(屠蘇酒)조차 담그지 못하게 하면서 관가에서는 큰 항아리가 넘칠 정도로 청주(清酒)를 담그는 모습을 읊조리면서 부조리한 현실과 빈부의 격차에서 오는 백성들의 질곡 된 삶을 비판하고 있다.

관가에서 내린 금주령이 두려워
도소주조차 담그지 못하네
백성들이여 그대들이 어찌 알리
큰 항아리에 청주가 넘치는 줄을
— 이덕무의 「세시잡영」

기방은 술을 파는
술집으로 변모한다

1800년대 말이 되면 술과 음식을 함께 팔던 외식업이 분화된 형태로 나타난다. 장국밥과 같은 음식을 주로 파는 국밥집, 약주를 파는 약주집, 막걸리를 파는 주막, 질 낮은 음식점인 전골가 등으로 분화되어 나타난다. 보통 술집으로는 내외주점 혹은 색주가가 있었다. 내외주점은 직접 술을 만들고 주객을 초빙해 안주를 제공하였다. 색주가는 작부를 데리고 영업하였는데 일부는 기생집이 주로 술과 안주를 먹고 마시는 술집으로 변모한 것이다. 그래도 기생집의 면모가 남아 있었다.

조선 말기의 풍속 화가로만 알려진 김준근은 이 시대 풍속을 담은 300여 점의 풍속화를 남겼다. 그의 그림인 『기방

『기방의 술자리』, 김준근, 독일 함부르크 박물관.

의 술자리』는 1890년대의 술집의 모습을 고스란히 보여 준다. 그림 속에는 양반 4명이 기방에서 술판을 벌이고 있는 모습을 담고 있다. 여성이 등장하는 것으로 보아 색주가의 모습을 그린 것으로 보인다. 그림 속의 술상에는 나름 고배식기(굽이 있는 그릇)에 편육, 전류 그리고 떡과 과일류의 음식들이 담겨 있다.

그리고 남자들이 젓가락질하는 것으로 보아 당시 유행한 냉면이나 국수를 먹고 있는 것으로 보인다. 지금은 국수가 값싼 음식이 되었지만 밀가루가 귀했던 조선시대에 국수는 귀한 접대음식이었다. 왕실에서도 점심상차림으로 국수를 주로 제공하였다. 특히 고종은 냉면을 매우 사랑한 왕으로 알려졌다. 이 술집에서도 역시 국수가 첫 번째 중요한 안주로 나온 듯하다.

또한 그림 속 술집은 식사와 술을 한 자리에서 해결하는 것으로 보인다. 그런데 자세히 살펴보면 시대는 구한말이지만 장고와 거문고도 있고 제목도 『기방의 술자리』이다. 조선시대의 가무에 능했던 기생이 있는 기방이 구한말에는 색주가로 변모하였다. 그래서 비록 구한말의 색주가 모습이지만, 아직은 장구와 거문고를 다루는 기생이 있는 기방의 술자리로 묘사되었다.

구한말의
색주가 술 풍경

색주가는 말 그대로 여자가 나와서 노래를 하고 술을 파는 곳이라고 볼 수 있다. 색주가는 원래 세종 때 생겨난 곳으로 주로 사신으로 명나라에 가는 벼슬아치들을 위하여 주색을 베풀던 곳이다. 그런데 조선 후기에 값비싼 기생집에 가지 못하는 사람들이 주로 이용하는 값싼 술집을 뜻하게 되었다. 색주가는 한양의 홍제원(홍제동)과 남대문 밖, 파고다 공원 뒤에도 있었다고 전해진다.

구한말에 이런 색주가가 꽤 유행이었던 모양으로 김준근은 색주가서 술 먹는 모습을 그린 풍속화를 여럿 남겼다. 풍속화 제목이 모두 '색주가 모양'이다. 이 당시의 보통 색주가의 문 앞에는 술을 거르는 도구인 용수에 갓모(비가 올 때

『색주가서 술 사먹는 모양』, 김준근, 덴마크 국립박물관.

▲『색주가 모양』, 김준근, 오스트리아 빈 민족학박물관.

▲『색주가 모양』, 김준근, 독일 함부르크 박물관.

갓 위에 걸어 쓰는 모자)를 씌워 긴 나무에 꽂아 세우고, 그 옆에 자그마한 등을 달아 놓았다고 전해진다. 이 당시에도 병주가(술집, 받침술집), 목로술집, 내외주점, 약주집, 이동술집, 주막 등이 있었으나 유독 색주가 그림만이 전해 온다.

같은 제목의 세 가지 그림은 여자가 술병을 들고 남성 손님들에게 술을 파는 모양새로 그려져 있다. 첫 그림에는 술상 앞에 짧은 갓을 쓴 남자 셋이 앉아 있고, 나이 든 한 명의 여자가 앞에 앉아서 술을 팔고 있다. 상 위에는 제법 안주가 차려져 있고 술이 동이 채 나와 있다. 술병도 여러 가지인 것으로 보아 여러 종류의 술을 팔고 있다. 나이 든 여자 또는 기생이 술을 팔고 안주도 제대로 갖추어져 있어 제법 격식을 차렸다. 여기에 친분이 있는 세 명의 남자가 대화도 하고 술도 마실 겸 색주가를 찾았다.

두 번째 그림에는 두 명의 여자가 술을 팔고 있다. 아마도 젊은 여자와 늙은 여자로 보인다. 음식상도 조촐한 편이다. 세 번째 그림도 세 명의 남자에게 술을 팔고 있는 여자를 볼 수 있다. 술의 종류가 다른지 색깔이 다른 술병에 원하는 술을 팔고 있는 것으로 보인다. 빨간색의 술상에도 술잔과 안주가 갖추어져 있다. 어떤 술을 팔았을까? 당시에 소주를 만드는 소주가가 있었다니 소주나 직접 빚는 약주 그리고 막걸리도 팔았을 것이다.

　이처럼 구한말의 술 파는 모습을 그린 '색주가 모양'에서
는 시대의 변화가 읽힌다. 예전 기생의 시중을 받으며 술 먹
던 모습 그리고 주막에서 주모에게서 술상을 받던 모습들
이 혼재되어 나타난다. 또한 색주가는 여자만 있다뿐이지
안주도, 술도 격식이 갖추어져 있지는 않았다. 처음에는 기
방의 풍모를 갖추었다가 아마 시대와 더불어 색주가로 전
락하였을 것이다. 이러한 구한말의 색주가 모습에서 여성이
술을 따르는 21세기 서울의 어느 술집 모습이 비쳐진다.

번지 없는 주막,
흡사 정처럼 옮아오는 막걸리 맛

그림은 19세기 말 이형록(李亨祿, 1808 -?)이 그렸다고 전해진다. 이형록은 '책가도'를 그린 조선시대 화원이다. 어느 눈 내리는 겨울날 시골 주막을 그린 이 그림은 보는 것만으로도 쓸쓸한 심정을 자아낸다. 술청 마루에 큰 술병이 가득 놓여 있고 아낙은 언제든 손님을 맞을 준비가 되어 있지만 이제 겨우 삿갓 쓴 짐꾼만이 한 사람 들어서고 있다. 마당에 쌓인 낟가리는 눈을 뒤집어쓰고 있어서인지 더욱 쓸쓸하게 느껴진다. 이렇게 조선 말기의 풍속화 속 시골 주막은 외로운 이들에게 막걸리 한 잔과 잠자리를 제공하던 위로와 치유의 공간이었다.

앞에서처럼 조선시대 풍속화에 빈번하게 등장한 주막은

《풍속도》 중 『겨울풍경』, 이형록, 국립중앙박물관.

그 후에도 명맥을 이어 우리 민족의 한과 정서를 담은 장소가 되었다. 1930년 일제 강점기에 가수 백년설이 불러 크게 히트한 노래 '번지 없는 주막'을 통해서도 그 '한'의 정서를 알 수 있다. 식민지시대 민족의 서러웠던 시대상을 담은 노래이다. 그래서인지 일제 강점기와 광복 직후에도 주막을 소재로 한 대중가요가 많았다. 우리 술 중에서도 가장 값이 싼 막걸리를 주로 팔았던 주막은 이별의 아픔을 달래고 한을 풀고 치유의 장소로서 역할을 하였다.

문패도 번지수도 없는 주막에
궂은 비 내리는 그 밤이 애절쿠려
능수버들 태질하는 창살에 기대여
어느 날짜 오시겠오 울던 사람아

아주까리 초롱밑에 마주앉아서
따르는 이별주에 밤비도 애절쿠려
귀밑머리 쓰다듬어 맹세는 길어도
못 믿겠네 못 믿겠네 울던 사람아

– 「번지없는 주막」, 처녀림 작사, 이재호 작곡, 백년설 노래

일제 강점기에 막걸리는 문인들에게도 사랑받는 술이었던 듯하다. 술을 지극히 사랑했던 채만식(蔡萬植, 1902-1950)의 수필『불가음주 단연불가(不可飮酒斷然不可)』를 보면 술 중에서도 가장 서민 술인 막걸리를 즐기는 모습이 나온다.

> 빡빡한 막걸리를 큼직한 사발에다가 넘실넘실하게 부은 놈을 처억 들이대고는 벌컥벌컥 한입에 주욱 마신다. 그러고는 진흙 묻은 손바닥으로 쓰윽 입을 씻고 나서 풋마늘 대를 보리고추장에 찍어 입가심한다. 등에 착 붙은 배가 불끈 솟고 기운도 솟는다.

해방 이후 나온 「주막에서」(1956년)란 시가 있다. 사통오달(四通伍達)의 길목, 인파로 북적대는 장터가 아닌, 주막(酒幕)은 어디나 겉으론 쓸쓸해 보여도 그 안은 정겹다. 그래서 주막에서 마시는 것은 바로 정처럼 옮아오는 막걸리 맛이라고 한다. 우리 민족이 예로부터 술을 통해 주고받았던 것은 바로 '정(情)'이었다.

> 어디든 멀찌감치 통한다는
> 길 옆

주막

그

수없이 입술이 닿은

이 빠진 낡은 사발에

나도 입술을 댄다.

흡사

정처럼 옮아오는

막걸리 맛

여기

대대로 슬픈 노정이 집산하고

알맞은 자리, 저만치

위엄 있는 송덕비 위로

맵고도 쓴 시간이 흘러가고...

세월이여!

소금보다 짜다는

인생을 안주하여

주막을 나서면,

노을 비친 길은

가없이 길고 가늘더라만,

내 입술이 닿은 그런 사발에

누가 또한 닿으랴.

이 무렵에.

    ㅡ『주막에서』 시 전문, 김용호

책을 덮으며,
우리 민족에게 술은 무엇인가?

우리는 술과 함께 살아온 민족이다. 고대의 중요한 축제 때마다 빠지지 않고 등장하는 것은 음식과 술이었다. 술은 신과의 접신을 위해서도 필요했고, 인간과 인간의 어울림에도 빠지지 않는다. 인류 역사에서 술은 과일주에서 시작한 것으로 추정된다. 과일은 그냥 내버려 두어도 술로 바뀔 수 있기 때문이다. 과일에 상처가 나면 과즙이 나오고 이것이 껍질에 있는 천연효모와 작용하여 과즙 속 당분이 알코올과 이산화탄소로 분해되기 때문이다.

농경시대가 되면서 곡식으로 빚은 곡물 양조주가 생겨난다. 우리나라는 포도주와 같은 과일주의 전통보다는 곡물주의 전통을 가졌다. 그런데 이 곡물은 과일처럼 가만히 두면 발효가 되지 않는다. 곡물주는 우선 그 안에 들어 있는 전분을 당화(糖化)해야 한다. 그런 다음 알코올 발효과정을 거쳐야 술이 된다. 전분을 당화하기 위해 넣는 것이 바로 밀 같은 곡물로 만드는 누룩이다. 우리 조상은 곡물로 지은 밥과 곡물의 기울로 만든 누룩으로 술을 만들어 마셨다. 즉 술이 되는 곡물에 대한 지식이 풍부했으므로 가능했다.

고구려를 세운 동명성왕의 탄생설화는 술로 시작한다. 천제의 아들 해모수는 하백의 세 딸을 초대하여 술을 취하도록 마시게 하였더니 다른 딸들은 달아나고 큰딸 유화만이 남아 해모수와 인연을 맺어 고구려 시조 동명성왕이 태어났다고 한다. 이렇듯 우리 민족은 기원전부터 음주와 가무를 즐겼고 부여의 영고, 고구려의 동맹, 동예의 무천 같은 제천행사에서 집단으로 춤과 노래를 부르면서 주술적 의미를 나눴다.

삼국시대에는 술 빚는 기술이 아주 능숙해진다. 중국에도 우리나라의 술에 대한 기록이 많은 편이며. 백제의 수수보리는 누룩으로 술 빚는 방법을 일본에 전했다고 알려진다. 고려시대에 이르면 이전부터 내려오던 곡물주의 양조법이 발달하고 증류법이 도입되어 우리의 대표적인 술이라고 할 수 있는 청주, 탁주, 소주의 기본적인 술이 성립된다. 고려의 유학자이자 주신(酒神)인 이규보는 술을 마시지 않으면 시를 제대로 짓지 못하는 것으로 유명하고 술을 의인화한 『국선생전』을 짓기도 하였다.

조선시대는 집집마다 술을 빚는 가양주문화가 있었으며 우리 술문화의 전성기를 이루었다. 또한 남부지방에서는 탁주, 중부지방에서는 약주, 북부지방에서는 증류주가 발달하였다. 술을 약으로 생각하여 약재를 넣은 술도 개발되고, 한 번에 술을 빚는 단양법에서 여러 차례 발효과정을 거치는 중양법이 확대되고, 조선 후기는 혼양주기법도 생겨나는 등 양조기법도 발달한다. 또한 꽃이나 과일, 열매 등 자연재료가 갖는 향기를 첨가한 술인 가향주도 발달한다. 조선시대의 「임원십육지」에는 꽃잎이나 향료들을 이용하여 빚은 약주를 향양주(香釀酒)라 하였으며 송화주, 두견주, 국화주, 호산춘, 송순주 등이 있다. 이렇듯 조선시대 술 양조법이 발달하고 술 종류가 많았던 것은 이 당시 양반가의 가장 중요한 일이 '봉제사 접빈객'이었기 때문이다. 이들은 접빈객을 당연히 갖추어야 할 예로 생각하였고 제사를 모시고 손님을 접대할 때에는 직접 음식과 술을 장만하여 정성을 다하였다. 따라서 술은 기본을 이루는 것으로 집집마다 술을 담갔던 전통이 존재했다. 각종 의례는 물론 제사상에는 술과 과일, 포를 기본으로 갖가지 음식을 올리고, 조상에게 절을 할 때마다 술을 따라 올렸다.

조선시대 선비들은 시와 문장 짓는 것을 기본 교양으로

여겨서 생활 속에서 술을 자연스럽게 즐겼다. 선비들은 시회를 열어서 술잔을 기울이며 시를 짓기도 했고, 취흥을 바탕으로 영감을 얻어 술을 사랑하는 마음을 문학과 그림으로 표현했다. 우리는 예부터 술 마시는 풍류를 생활 속에서 자연스럽게 즐기며 취흥을 예술로 승화시켰다.

그러다 한 말 이후 외세의 압력으로 쇠락하기 시작하는 우리 전통주 문화는 일제강점기에 이르면 그 맥이 끊어져 버리고 우리 술문화도 점차 사라지게 된다. 광복 이후에도 우리 술문화를 복원하고자 하였지만 각 집안에서 구전으로만 비법을 전해 오는 방식으로 이어져 왔기 때문에 쉽게 복원되지 못하였다. 1980년대에 이르러서야 전통주 발굴이 이루어지고, 전통주를 무형문화재로 지정하기에 이른다. 2016년 현재 전통주로서는 3종의 국가 무형문화재와 29종의 지방 무형문화재로서 술이 있다.

그러나 아직도 우리 술은 제대로 대접받지 못하고 있으며 더구나 아름답던 우리의 술문화는 자취를 감추었다. 우리 국민 대부분은 우리 술의 가치와 중요성을 인정하지만, 우리 술을 제대로 아는 사람들은 많지 않다. 특히 우리는 우리의 술에 대해 그리고 술과 함께 이루어지는 우리 음식문화에 대해 무지하고 제대로 즐기는 법을 알지 못한다. 현재 우리나라는 세계적인 술 소비국 중 하나이면서 외국 술인 사케나 위스키나 와인의 최대 수입국이다. 심지어 해박한 와인지식을 자랑하면서도 우리의 술문화를 모르는 것에 대해 부끄러워하지 않는다. 절제와 중용의 어울림을 추구했던 진정한 우리의 술문화는 어디서도 찾기 어렵다.

우리 술이 젊은 친구들에게 사랑받기 시작한 지금, 무엇이 필요한가를 생각해 본다. 진정한 우리 술문화를 돌아보는 것이 무엇보다 필요한 시점이다. 술문화 속에 녹아 있는 '향음주례'의 정신과 건강하고 아름다운 생활로서의 술문화를 제대로 배워 보자. 이게 바로 수천 년을 이어 온 우리 술에 대한 최소한의 예의가 아닐까?

참고문헌

• 국립중앙박물관편저, 『조선시대 풍속화』, 한국박물관회, 2002

• 박록담, 『한국의 전통주 주방문세트 1-5』, 바룸, 2015

• 빙허각이씨, 『규합총서』, 정양완 역, 보진재, 2008

• 정병모, 『한국의 풍속화』, 한길아트, 2001

• 정혜경, 『천년한식견문록』, 생각의 나무, 2008

• 정혜경, 김미혜, 『한국인에게 막걸리는 무엇인가』, 교문사, 2012

• 정혜경, 우나리야, 『금산인삼백주, 청양구기자주』, 민속원, 2017

• 주영하, 『그림속의 음식, 음식속의 역사』, 사계절, 2005

• 한식재단, 『한식문화총서-화폭에 담긴 한식』, 한식문화총서4, 2014